TERAPIA FAMILIAR

MÚLTIPLAS ABORDAGENS COM CASAIS E FAMÍLIAS

Editora Appris Ltda.
1.ª Edição - Copyright© 2019 dos autores
Direitos de Edição Reservados à Editora Appris Ltda.

Nenhuma parte desta obra poderá ser utilizada indevidamente, sem estar de acordo com a Lei n° 9.610/98. Se incorreções forem encontradas, serão de exclusiva responsabilidade de seus organizadores. Foi realizado o Depósito Legal na Fundação Biblioteca Nacional, de acordo com as Leis nos 10.994, de 14/12/2004, e 12.192, de 14/01/2010.

Catalogação na Fonte
Elaborado por: Josefina A. S. Guedes
Bibliotecária CRB 9/870

T315t Terapia famíliar: múltiplas abordagens com casais e famílias / Lúcia Freire
2019   (organizadora). - 1. ed. – Curitiba : Appris, 2019.
       119 p. ; 21 cm – (Artêra)

       Inclui bibliografias
       ISBN 978-85-473-4040-7

       1. Psicoterapia familiar. I. Freire, Lúcia. II. Título. III. Série.

                                                                CDD - 616.89156

Livro de acordo com a normalização técnica da ABNT

Appris editora

Editora e Livraria Appris Ltda.
Av. Manoel Ribas, 2265 – Mercês
Curitiba/PR – CEP: 80810-002
Tel. (41) 3156 - 4731
www.editoraappris.com.br

Printed in Brazil
Impresso no Brasil

Lúcia Freire
(Organizadora)

TERAPIA FAMILIAR

MÚLTIPLAS ABORDAGENS COM CASAIS E FAMÍLIAS

FICHA TÉCNICA

EDITORIAL	Augusto V. de A. Coelho
	Marli Caetano
	Sara C. de Andrade Coelho
COMITÊ EDITORIAL	Andréa Barbosa Gouveia (UFPR)
	Jacques de Lima Ferreira (UP)
	Marilda Aparecida Behrens (PUCPR)
	Ana El Achkar (UNIVERSO/RJ)
	Conrado Moreira Mendes (PUC-MG)
	Eliete Correia dos Santos (UEPB)
	Fabiano Santos (UERJ/IESP)
	Francinete Fernandes de Sousa (UEPB)
	Francisco Carlos Duarte (PUCPR)
	Francisco de Assis (Fiam-Faam, SP, Brasil)
	Juliana Reichert Assunção Tonelli (UEL)
	Maria Aparecida Barbosa (USP)
	Maria Helena Zamora (PUC-Rio)
	Maria Margarida de Andrade (Umack)
	Roque Ismael da Costa Güllich (UFFS)
	Toni Reis (UFPR)
	Valdomiro de Oliveira (UFPR)
	Valério Brusamolin (IFPR)
ASSESSORIA EDITORIAL	Alana Cabral
REVISÃO	Camila Dias
PRODUÇÃO EDITORIAL	Lucas Andrade
DIAGRAMAÇÃO	Daniela Baumguertner
CAPA	Eneo Lage
COMUNICAÇÃO	Carlos Eduardo Pereira
	Débora Nazário
	Karla Pipolo Olegário
LIVRARIAS E EVENTOS	Estevão Misael
GERÊNCIA DE FINANÇAS	Selma Maria Fernandes do Valle

Este livro é dedicado a todos os profissionais de saúde mental e áreas afins e aos pacientes que nos procuram em busca de autoconhecimento e alívio para suas dores e sofrimentos, dando-nos o enorme privilégio de sermos instrumentos de amor em suas vidas.

AGRADECIMENTOS

A Deus, acima de tudo, por nos proporcionar o dom da vida e as experiências necessárias para a nossa evolução espiritual.

Aos pacientes que com suas histórias de vida, fazem-nos aprender e crescer como pessoas e como profissionais.

Aos colegas terapeutas que trabalham com a promoção e o tratamento da saúde mental dos indivíduos, casais e famílias, por sua dedicação ao que fazem com tanto zelo e carinho.

Aos teóricos que nos antecederam e que nos deixaram tantas formas de trabalhar com os casais e as famílias que chegam a nós.

Às colegas Vanessa Almeida e Cristina Brito Dias e a cada um dos coautores que abraçaram este projeto e nos ajudaram a concretizá-lo.

Aos nossos familiares e amigos, que apoiam e incentivam os nossos sonhos, fazendo com que acreditemos neles e os realizemos.

PREFÁCIO

Todo ponto de vista é a vista de um ponto.
(Leonardo Boff)

Não existem saberes maiores ou menores, e sim saberes diferentes.
(Paulo Freire)

Escrever um livro é sempre um projeto audacioso. E, quando se trata de fazê-lo com vários outros autores, torna-se um processo ainda mais complexo. No entanto, refletindo sobre a construção deste trabalho e assunto do que se propõe a tratar, o livro não poderia ser diferente... As múltiplas abordagens no trabalho com famílias é uma área de tanta riqueza e complexidade que este projeto só poderia estar completo escrito a várias mãos mesmo.

Dentro de uma visão sistêmica, em que tudo e todos estão interligados e as práticas e saberes se complementam e somam, esta obra vem nos chamar a atenção para as várias formas de trabalhar com os casais e as famílias com abordagens diferentes. Com isso, objetiva-se demonstrar que não existem práticas melhores ou piores, mas as que são úteis para os pacientes que procuram alívio para os seus relacionamentos sofridos e desgastados pelo tempo, ou para entenderem os acontecimentos que marcaram suas vidas.

Cada abordagem, com suas especificidades, trabalha aspectos importantes de formas diferentes, de modo que as dores sejam ressignificadas e as relações sejam mais produtivas. Sendo assim, as famílias e casais atendidos na terapia são os melhores e maiores parâmetros da eficácia de cada abordagem, sendo essas teorias caminhos diferentes para se chegar a um mesmo objetivo: o alívio do sofrimento e a melhoria das relações interpessoais.

Neste mundo cada vez mais complexo, onde as divergências imperam, é preciso entendê-las como complementariedades, dando espaço para o diferente sem olhá-las como ameaças ou com preconceito. Conhecer as diversas abordagens, portanto, é peça-chave e fundamental para qualquer profissional que queira crescer na sua prática clínica e ajudar seus pacientes a trilharem o melhor caminho para vencerem suas dificuldades.

Esta obra vem preencher um pouco essa lacuna ao fornecer informações importantes sobre as diversas abordagens no trabalho com casais e famílias, a fim de que se possa ter uma ideia geral de cada fundamentação teórica e prática por trás dessas escolas. Não tem a pretensão de apresentar todas as áreas no campo do saber da Psicologia e da Terapia Familiar, mas certamente apresentará a maioria delas. Os autores foram desafiados a escrever sobre a fundamentação teórica de cada uma delas e de articularem como o fazem em suas práticas clínicas com casais e famílias. O resultado é este que está aqui em mãos, e espera-se que seja útil para alunos, profissionais da área, e o público em geral, que muitas vezes desconhecem as diversas formas de se trabalhar e não têm onde se informar sobre isso.

Chegará o dia em que se entenderá que somos todos uma grande família e que não faz sentido discutir, entrar em guerras de poder e nem brigar pelas "verdades" de cada um, pois todas as verdades são sempre verdadeiras para aquele que as proclamam, e que apenas "todo ponto de vista é a vista de um ponto."

Lúcia Freire

Fevereiro de 2019

APRESENTAÇÃO

Este livro é fruto de encontros científicos promovidos pela Associação Pernambucana de Terapia Familiar (APETEF) e congrega as contribuições de vários terapeutas de família e de casal experientes que atuam na cidade de Recife. Ele foi gestado durante meses, e os autores deram suas contribuições pertinentes à sua área de atuação. Longe de passar a impressão de ser uma colcha de retalhos, ele tem como fio condutor o Pensamento Sistêmico, que concebe os elementos dos sistemas, ou subsistemas, em constante interação, com foco na Terapia Familiar e na de Casal.

Sabe-se que o campo da Terapia Familiar vive em constante ebulição e apresenta uma multiplicidade de teorias, técnicas, intervenções e modos de atuar. Dessa forma, o grande mérito deste livro é reunir numa só obra diferentes formas de atuação nas principais abordagens para casais e famílias em sofrimento. Mesclando abordagens mais clássicas com outras relativamente recentes, trata-se de uma publicação que pode contribuir na formação de novos terapeutas, tanto na graduação como na pós-graduação, e mesmo para aqueles já formados que precisam conhecer o que está ocorrendo no campo. Usando uma linguagem simples e objetiva, e exemplos, torna-se possível compreender bem os principais conceitos, técnicas e formas de atuação do (a) terapeuta, facilitando assim a aprendizagem.

Lúcia Freire, no capítulo "As múltiplas abordagens no trabalho com casais e famílias", discute o início da Terapia Familiar e os desdobramentos desse campo ao longo do tempo, incluindo múltiplas abordagens, paradigmas e teóricos de diferentes formações. Para a autora, antes de tudo, é necessário saber se a demanda é pela terapia individual ou relacional. Pontua também a necessidade de que o (a) terapeuta conheça as diferentes abordagens para o encaminhamento adequado do cliente.

Virgínia Buarque Cordeiro Cabral, no capítulo intitulado "Abordagem sistêmica com casais e famílias", detém-se em conceituar o que são sistema, sintoma, equipe reflexiva e os principais tipos de perguntas que podem ser feitas ao casal/família. Ainda, discorre brevemente sobre as principais escolas de terapia familiar com enfoque sistêmico: Terapia Familiar Sistêmica, de Murray Bowen; a Terapia Estrutural, de Salvador Minuchin; a Terapia Estratégica; a Terapia focada na Solução; e a Terapia Familiar Narrativa.

O capítulo de Claudine Alcoforado Quirino e Luana Virgínia Silva, "Psicoterapia de casal e Gestalt-terapia", trata do atendimento psicoterapêutico na conjugalidade que se mostra no aqui e agora, trazendo os modos relacionais observados e apontando para possíveis dificuldades não compreendidas pelos cônjuges em relação. As autoras não destacam os contextos individuais, e sim estão abertas à compreensão das "figuras" que se evidenciam e suas relações com os "fundos" apresentados, no intuito de favorecer a ampliação da consciência entre as figuras emergentes e os fundos não percebidos.

Edna Malheiros, no capítulo denominado "A terapia com famílias na abordagem Psicanalítica", concebe a terapia como um espaço grupal construído entre a família e o terapeuta, no qual os processos dinâmicos inconscientes poderão ser examinados e seus sentidos trarão a possibilidade de se exprimir para que se possa entrar em contato e pensar sobre eles. Trata-se de uma psicoterapia pela linguagem do grupo familiar como um todo e que estuda a dinâmica grupal familiar regida por forças inconscientes.

O capítulo de Alessandro Rocha, denominado "Terapia Cognitivo-comportamental com casais e famílias", pontua que essa abordagem, com casais e famílias, contribui esclarecendo os esquemas disfuncionais individuais e busca a melhora da capacidade de resolução de problemas. Visa também ao aumento da eficácia da comunicação por meio da correção dos padrões de pensamento e das decorrentes distorções pela forma como o casal/família interpreta suas experiências.

O capítulo de Adineide Nolasco Andrade Dias, "O uso do EMDR no trabalho com casais e famílias", trata de uma abordagem em que ocorre um reprocessamento, por meio da estimulação bilateral do cérebro, que, com o tempo, altera as crenças negativas para positivas. Nele, ocorre o reprocessamento dos traumas por meio da estimulação bilateral do cérebro, tratando-se de uma proposta inovadora.

Patrícia Campos, no seu capítulo "Terapia de casal e família: uma visão com base no Psicodrama", refere que, após a escuta de como o paciente (indivíduo, grupo familiar, casal, escola, empresa) se apresenta, é feita uma proposta de trabalho que se desenvolve nas seguintes etapas: aquecimento, dramatização e compartilhamento. Para essa abordagem, a família é considerada a placenta onde se desenvolve a matriz de identidade do indivíduo.

Por sua vez, Patrícia Távora, no capítulo "Brincando em família: um enfoque sistêmico na clínica Psicomotora Relacional", relata que o foco principal dessa abordagem é revisitar a convivência familiar, ou seja, se os membros podem se auto-observar, refletir sobre suas posturas fortalecendo a relação e criando experiências relacionais mais significativas e, com isso, aumentar o nível de maturidade e envolvimento emocional por meio do brincar simbólico.

Por fim, Frankleide Paiva Diniz e Natália Reis de Melo, no capítulo "O Genograma na prática clínica", apresentam uma ferramenta que oferece grande contribuição ao universo da Terapia Familiar no tocante à possibilidade de ressignificação das experiências ouvidas ou vividas. Trata-se de um retrato gráfico da família, por meio das diferentes gerações, que utiliza símbolos universais para identificar seus componentes e suas relações, a ser complementado com um relato escrito que leve em conta fatores contextuais, como: gostos, estilos, traços de personalidade, eventos estressores (morte, separação, doenças) influências socioculturais, entre outros.

Destaco que o conteúdo de cada capítulo é de inteira responsabilidade dos respectivos autores(as).

Desejo uma boa leitura a todos!

Cristina Maria de Souza Brito Dias

Psicóloga, doutora, professora e pesquisadora na Universidade Católica de Pernambuco

Associada fundadora e titular da Associação Pernambucana de Terapia Familiar

SUMÁRIO

1
AS MÚLTIPLAS ABORDAGENS NO TRABALHO COM CASAIS E FAMÍLIAS.. 17
Lúcia Freire

2
ABORDAGEM SISTÊMICA COM CASAIS E FAMÍLIAS 27
Virgínia Buarque Cordeiro

3
PSICOTERAPIA DE CASAL E GESTALT-TERAPIA 35
Claudine Alcoforado Quirino e Luana Virgínia Silva

4
A TERAPIA COM FAMÍLIAS NA ABORDAGEM PSICANALÍTICA.. 43
Edna Malheiros

5
TERAPIA COGNITIVO-COMPORTAMENTAL COM CASAIS E FAMÍLIA.. 53
Alessandro Rocha

6
O USO DO EMDR NO TRABALHO COM CASAIS E FAMÍLIAS... 75
Adineide Nolasco Andrade Dias

7
TERAPIA DE CASAL E FAMÍLIA: UMA VISÃO COM BASE NO PSICODRAMA 85
Patrícia Freire Campos

8
BRINCANDO EM FAMÍLIA: UM ENFOQUE SISTÊMICO NA CLÍNICA PSICOMOTORA RELACIONAL 95
Patrícia Távora

9
O GENOGRAMA NA PRÁTICA CLÍNICA 103
Frankleide Paiva Diniz e Natália Reis de Melo

SOBRE OS AUTORES 117

1

AS MÚLTIPLAS ABORDAGENS NO TRABALHO COM CASAIS E FAMÍLIAS

Lúcia Freire

Solidários, seremos união. Separados uns dos outros, seremos pontos de vista. Juntos, alcançaremos a realização de nossos propósitos.

(Bezerra de Menezes)

"Doutora, qual a melhor terapia para mim?"

Não raro, com o passar dos anos de prática clínica com casais e famílias, somos marcados com algumas perguntas que os pacientes nos fazem e somos chamados, com isso, a rever nossos paradigmas e buscar algo mais para complementar nossas práticas profissionais. Foi assim que um dia, quando um dos meus pacientes me fez essa pergunta, comecei a refletir como cada indivíduo é diferente em suas necessidades e como cada terapeuta é também diferente na sua forma de atuar, dependendo do seu estilo e de sua identificação teórico-prática.

Essa forma de ser do/a terapeuta, seja ele mais diretivo ou não, característica em parte advinda de sua personalidade, de sua história de vida, de sua aprendizagem teórica, dentre outras coisas, é o que nos faz ser únicos e tão importantes para as diversas demandas dos diferentes clientes que nos procuram. Esse quebra-cabeça, que tem como peças principais o/a terapeuta (em suas variadas formas de ser e nas suas abordagens teóricas) e os pacientes (diferentes em suas necessidades), é o que nos torna ricos e complementares uns dos outros.

Na prática do atendimento a casais e famílias, deparamo-nos com diversas situações, demandas, questionamentos... Os casais e famílias vêm de todas as formas, cores, classes sociais, disponibilidades internas e nos procuram para aliviar suas angústias e seus sofrimentos. E, como terapeutas, temos que estar preparados(as) com um arsenal de teorias, técnicas e maneiras diferentes de ajudá-los. Ao mesmo tempo, temos que ter conhecimento de várias outras formas de atuar que não sejam só as nossas, a fim de podermos encaminhar nossos pacientes naquilo que eles precisam, e não naquilo que nós achamos correto para eles...

Um pouco da história da terapia familiar

A Terapia Familiar, surgida nos anos de 1950, inicia-se já com um paradigma diferente das então ciências do comportamento "tradicionais", como a psicologia, com suas várias escolas e grupos, e vem atender à demanda de trabalhar o aspecto relacional, que até então era negligenciado no paradigma moderno, onde a terapia individual era enfatizada e a família era afastada do *setting* terapêutico. A ideia na época era a de que, afastando o paciente de sua fonte geradora de conflitos, ele melhoraria (NICHOLS; SCHWARTZ, 2007).

No entanto, com o passar do tempo, foi-se observando que afastar o paciente de sua família não traria benefícios para ele; mas, ao contrário, ao colocá-lo de volta ao seio familiar pós-tratamento, não tendo sido a família também tratada, ela não estava preparada para as mudanças daquele paciente, o que só faria com que o problema continuasse e se perpetuasse.

Quando Bateson, um antropólogo que estudou a comunicação na família com pacientes esquizofrênicos, desenvolveu a Teoria do Duplo Vínculo, ou Dupla Vinculação (NICHOLS; SCHWARTZ, 2007), uma semente foi plantada no campo da Terapia Familiar.

Segundo ele, a comunicação na família com um membro esquizofrênico emitia duas mensagens simultâneas, onde por um lado se dava uma mensagem verbal ao paciente, e, por outro, uma não verbal, contradizendo a primeira. Quando ao responder à mensagem o esquizofrênico reagia com um tipo de percepção, a família dizia que não era aquilo que ele tinha entendido e o proibia de falar sobre o assunto. Sendo assim, dois aspectos bem interessantes emergiram: o primeiro, que o próprio Bateson não era um profissional de "saúde mental", e o segundo, que a família tinha grande interferência nos sintomas de um de seus membros.

A relevância desses dois aspectos diz respeito a como se iniciou a prática clínica da terapia familiar, primeiramente com uma gama de profissionais que não advinham necessariamente do campo da saúde mental, em especial da psicologia. Tínhamos então assistentes sociais, psiquiatras, antropólogos, médicos, que começaram a se interessar pelo trabalho com famílias, criando uma forma diferente de trabalhar. Abriu-se com isso um leque de profissionais de outros campos do saber que não eram necessariamente treinados em psicologia, mas que lidavam com gente e queriam ajudar seus pacientes/clientes a ter melhor saúde mental trabalhando com estes indivíduos e suas famílias. O segundo ponto é que, além dessa mudança de paradigma de o saber ser centralizado até então nos psicólogos para ser aberto a outros profissionais, a forma de trabalhar mudou também. Aqui não mais se via o indivíduo como o "problema", e sim a família.

Os primeiros teóricos e terapeutas de família mudaram os paradigmas da época numa crescente que, inicialmente, via o **indivíduo** como o problema e precisava ser afastado da família, evoluindo para o paradigma de que a **família** era o problema e precisava ser afastada do indivíduo; e agora esses teóricos e terapeutas traziam a ideia de que, a família sendo o problema, tinha-se que trabalhar **família e indivíduo** juntos para que não houvesse mais o problema. Sendo assim, a forma de trabalhar passou de atendimentos individuais para atendimentos familiares (em que inicialmente a família toda tinha que comparecer ou não se fazia a terapia), para um movimento de trabalhar com uma "terapia individual sistêmica" (o indivíduo sozinho, mas considerando o contexto da família) até o de trabalhar com quem for às sessões de terapia, seja a família toda ou não.

Outro marco interessante diz respeito à forma de ser e de atuar do/a terapeuta, já que as terapias iniciais eram voltadas para a ideia do **terapeuta como especialista**, que buscava o que há de disfuncional na família para então tentar modificar seus comportamentos (MINUCHIN, 1980; NICHOLS; SCHWARTZ, 2007), para uma postura menos diretiva do **cliente como especialista**, numa abordagem mais colaborativa (ANDERSON, 2009; ANDERSEN, 2002).

Só depois de algum tempo, com o advento do paradigma pós-moderno, o foco não era mais identificar de quem era o problema e tentar "mudar" o problema. As então chamadas terapias familiares pós-modernas, como o Construtivismo, Construcionismo social (GRANDESSO, 2000), abordagem de Linguagem sistêmica colaborativa (ANDERSON, 2009), Processos reflexivos (ANDERSEN, 2002), Terapias narrativas (EPSTON, 2004; NICHOLS; SCHWARTZ, 2007) e Terapia breve de solução de problemas (NICHOLS; SCHWARTZ, 2007), agora diziam que o problema não estava no indivíduo ou na família, e sim na interação entre os dois.

Assim, criou-se desde os primórdios da Terapia Familiar algo inusitado e especial: a junção de vários tipos de terapeutas e de várias abordagens de terapia, todos incluídos no chamado Pensamento Sistêmico (RAPIZO, 1998; VASCONCELOS, 2003), que engloba o todo e suas partes. Esse novo paradigma vê tudo e todos como influenciando e sendo influenciados mutuamente, apesar das diferenças de abordagens e técnicas.

A diferença que faz diferença

Ao trabalharmos com os pacientes dentro de uma perspectiva sistêmica pós-moderna, não mais estamos querendo enquadrar os casais e as famílias dentro de um "diagnóstico" único. Isso significa que o terapeuta não mais precisa chegar a alguma conclusão única de qual é a questão a ser trabalhada, ou de uma visão consensual do que seja o problema.

Na prática, isso significa que, enquanto no início perguntávamos à família qual era o problema e queríamos que todos chegassem a um consenso para termos um objetivo comum de trabalho, e fazíamos o mesmo com a equipe dos terapeutas, hoje encorajamos as diversas "vozes" a expressar seus problemas sem necessariamente termos um consenso quanto a estes. As diferentes queixas, demandas, visões, explicações sobre os problemas são todas acolhidas, e o objetivo não é mais que concordemos com elas, mas que as ouçamos e com isso aprendamos a respeitar essas formas de enxergar o mundo.

Ser diferente, ver ou pensar diferente, dentro dessa ótica, não mais significa necessariamente antagonismos, e sim diferenças. Diferenças de crenças, opiniões, visões, sofrimentos, sentimentos, todos acolhidos como fazendo parte da visão individual de cada um. O terapeuta então cria um espaço dialógico onde todas essas "vozes" possam ser expressas e ouvidas, num clima de harmonia e respeito às diferenças.

Sendo assim, o espaço terapêutico fica muito mais rico e amplo, onde várias possibilidades podem ser criadas e cocriadas para os casais e as famílias. Consequentemente, o/a próprio/a terapeuta também se sente mais livre para criar e cocriar com os clientes, num clima onde todos participam ativamente do tratamento. As diferentes visões são trazidas à tona, e ocorre a ressignificação das experiências ao ouvirmos e sermos ouvidos.

As múltiplas abordagens no trabalho com casais e famílias

Se o movimento da terapia familiar passou por tantas diversidades desde o início, com profissionais diferentes, abordagens diferentes e paradigmas também diversos, e se hoje a diferença entre as variadas visões dos clientes é o que faz a diferença, por que não seria apropriado também afirmar que cada campo do saber tem seu lugar especial nos *settings* terapêuticos? Por que ainda costumamos formar e defender nossos próprios grupos e escolas de terapia, achando que uma é melhor que a outra e até desqualificando outros saberes?

Se somos terapeutas denominados como sistêmicos, se trabalhamos com os casais e famílias na perspectiva do todo sendo muito maior do que a soma de suas partes, por que ainda conservamos nossa visão limitada e insistimos em defender as "bandeiras" das nossas abordagens na terapia com nossos pacientes?

Num mundo que luta pelo fim das desigualdades sociais, em todos os sentidos, penso que precisamos pensar em fazer o mesmo dentro de nossos consultórios. Cada abordagem tem sua riqueza, sua forma de trabalhar diferente, de atender às necessidades dos pacientes que também são diferentes. Então eu volto para a pergunta inicial do meu paciente: "Doutora, qual a melhor abordagem para mim?"

Consideremos, portanto, duas questões aqui: a primeira é se o paciente precisa de uma terapia individual, conjugal ou familiar; e a segunda diz respeito a de que tipo de abordagem terapêutica ele precisa. Muitos de nós, quando iniciamos a jornada como terapeutas de casal e família, também nos deparamos com esse tipo de questionamento em algum momento.

Terapia individual, conjugal ou familiar: como identificar e encaminhar a demanda do cliente

Para identificarmos que tipo de terapia seria mais apropriada para nossos clientes, o critério básico seria verificar se a demanda trazida como queixa principal é de ordem individual ou relacional. De modo geral, quando se trata de uma dificuldade de relacionamento, a indicação para uma terapia conjugal ou familiar seria o primeiro passo. No entanto pode acontecer de, ao atender a um casal ou uma família, sobressaírem-se questões individuais tão fortes que dificultem, no momento, o diálogo durante as sessões. Neste caso, seria aconselhável provavelmente indicar uma terapia individual para um (ou ambos, se for um casal), tendo o cuidado de não "patologizar" nenhum deles. Outro cuidado que se deve ter diz respeito a não recomendar somente um tipo de terapia (ou a individual, ou só a conjugal/familiar). Em alguns casos, quando, por exemplo, existe uma crise muito forte no casamento, é desaconselhável que cada um dos cônjuges fique somente na sua terapia individual sem os colocarmos para conversar, pois a mudança em cada um deles pode separá-los e afastá-los cada vez mais.

No entanto sabemos que nem sempre é viável (tanto do ponto de vista financeiro como de tempo e outros fatores) que os casais/famílias possam fazer suas terapias individuais e conjugais/familiares. Nesse caso, o terapeuta pode sugerir terapias alternadas (uma semana a individual e na outra a conjugal/familiar) para amenizar as dificuldades que possam surgir. Na minha prática clínica, não costumo atender aos clientes numa terapia individual e fazer com eles também a conjugal/familiar. Acho complicado ser mais objetivo nas sessões se o terapeuta for o mesmo, além de causar uma espécie de "lealdade" para o cliente que tem o espaço da terapia individual e de "suspeita de aliança" para o que é atendido no grupo familiar.

Encaminhando, pois, o(s) paciente(s) a outro(a) profissional para a terapia "complementar", é importante que haja o diálogo entre os profissionais que trabalham com os pacientes em comum.

Obviamente, a informação e o consentimento do paciente precisam ocorrer, para manter-se o vínculo de confiança e para que os profissionais envolvidos possam "falar a mesma linguagem", trabalhando em conjunto e em prol do(s) paciente(s).

As várias abordagens e seus encaminhamentos

Tendo identificado se a demanda inicial requer uma terapia individual, conjugal ou familiar, vamos nos deparar com as várias formas de trabalhar com os casais e famílias, ou seja, as diversas escolas de terapia, desde as conhecidas na literatura do campo das terapias familiares até as oriundas da psicologia e das ciências afins (FREIRE, 2010). Sendo assim, é fundamental que cada terapeuta de casal e família se familiarize com as outras formas de trabalhar, para que, ao identificar a demanda trazida pelo casal/família/indivíduo, estes sejam encaminhados para o tratamento adequado.

Há os que argumentam que toda terapia é eficaz quando temos terapeutas teórica e tecnicamente eficazes. Outros já falam que a melhor eficácia do terapeuta não está no uso apenas de teorias e de técnicas, mas nos vínculos que estabelece com os seus pacientes. Em um de seus livros, Salvador Minuchin, um dos pioneiros da terapia familiar, chega a dizer que o bom terapeuta é aquele que, assim como um samurai, que domina todas as técnicas, no final deveria esquecê-las para que possa ser ele mesmo. Ele se referia à importância do uso do self do terapeuta, utilizando-se de si mesmo na criação e manutenção do vínculo com os seus clientes (MINUCHIN, 2009).

Sendo assim, cada abordagem se faz importante no trabalho com casais e famílias. Conhecê-las é fundamental para sermos bons profissionais e para ajudarmos nossos pacientes encaminhando-os bem diante de suas necessidades. Que possamos ser humildes reconhecendo que nem sabemos e nem podemos dar conta de tudo, e, utilizando-nos das palavras do querido educador Paulo Freire, não existem saberes melhores ou piores; apenas saberes diferentes. (FREIRE, 2002).

Que possamos abrir nossas mentes e corações para acolhermos todos os saberes diferentes, criando uma rede de apoio profissional que, no fim, terá um único objetivo: ajudar nossos pacientes a sair de seus sofrimentos, fortalecendo-se e crescendo rumo ao bem-estar e à felicidade. Que sejamos sempre agentes de paz e de harmonia, começando pelos nossos exemplos pessoais e profissionais, a fim de trabalharmos todos juntos para a construção de um mundo melhor, iniciando pela célula *mater*, que são os casais e as famílias.

Referências

ANDERSON, H. *Conversação, Linguagem e Possibilidades*. São Paulo: Roca, 2009.

ANDERSEN, T. *Processos Reflexivos*. 2. ed. Rio de Janeiro: Instituto Noos; ITF, 2002.

EPSTON, D. *Biting the Hands that Starves You Inspiring Resistance*: To Anorexia/Bulimia. New York: W. W. Norton & Company, 2004.

FREIRE, L. A atuação do psicólogo no atendimento de casais e famílias. *In*: LADVOCAT, C. (org.). *Psicologia*: Campo de Atuação, Teoria e Prática. Rio de Janeiro: Booklink, 2010.

FREIRE, P. *Pedagogia da Autonomia*. 25. ed. São Paulo: Paz e Terra, 2002.

GRANDESSO, M. *Sobre a Reconstrução do Significado*: uma análise epistemológica e hermenêutica da prática clínica. São Paulo: Casa do Psicólogo, 2000.

MINUCHIN, S. *Families and Family Therapy*. 14. ed. Massachusetts: Harvard University Press, 1980.

MINUCHIN, S. *Family Therapy Techniques*. Massachusetts: Harvard University Press, 2009.

NICHOLS, M.; SCHWARTZ, R. C. *Terapia familiar*: Conceitos e métodos. 7. ed. Porto Alegre: Artmed, 2007.

RAPIZO, R. *Terapia Sistêmica de Família*: da Instrução à Construção. Rio de Janeiro: Noos, 1998.

VASCONCELLOS, M. J. E. *Pensamento Sistêmico*: o novo paradigma da ciência. 3. ed. Campinas: Papirus, 2003.

2

ABORDAGEM SISTÊMICA COM CASAIS E FAMÍLIAS

Virgínia Buarque Cordeiro

A essência do trabalho sistêmico com casais e família perpassa pelo conhecimento do pensamento sistêmico, dos processos reflexivos, da arte de perguntar e das escolas de terapia familiar. Apresentaremos de forma sucinta os aspectos mais importantes dessa abordagem e recomendamos para a formação do terapeuta de família o curso de pós-graduação com especialização em Terapia Familiar com aprofundamento teórico e vivência prática na abordagem sistêmica.

Pensar sistemicamente é sair do reino das verdades estabelecidas, para construir ou elaborar hipóteses alternativas e novas aprendizagens. É perceber uma mesma situação de vários pontos de vista, procurando entender a forma como o todo e as partes se relacionam numa interação reciprocamente reforçadora e mantenedora da situação. É ver a realidade de forma circular com base nos pressupostos da complexidade (o todo é maior do que a soma das partes), instabilidade (tudo está sempre em mudança o tempo todo) e intersubjetividade (a visão particular de cada um).

No campo da terapia, quando a família tornou-se o cliente, foi preciso uma nova maneira de pensar sobre os problemas humanos. E a metáfora do sistema foi central nesse empreendimento. **Sistema** é uma estrutura hierarquicamente organizada, em interação entre as partes e com o meio buscando o equilíbrio dinâmico. Nesse contexto, a família compreende todo o sistema emocional de pelo menos três a quatro gerações.

O critério de saúde de um sistema (individual, família, casal, grupo) é dado pelo nível de funcionalidade/disfuncionalidade. Sendo que funcional é quando o movimento do sistema leva a aprendizagem, crescimento, flexibilidade e desenvolvimento da autonomia sem perder a identidade, levando-se em conta o contexto.

O **sintoma** é compreendido como útil para clarear o **padrão de interação** do sistema e para indicar as mudanças e aprendizagens necessárias. Essa forma de ver possibilita desmistificar a concepção de que o sintoma deve ser removido, e a conduta sintomática então passa a ser vista como uma pista do que precisa ser reorganizado, revisto ou aprendido.

A **Equipe Reflexiva** surgiu do trabalho clínico com as famílias desenvolvido pelo médico norueguês Tom Andersen; rapidamente se popularizou entre os terapeutas de família de diversos países, entre os quais o Brasil. Durante o atendimento terapêutico às famílias, Andersen começou a se questionar: "por que não os familiares passarem a ouvir os comentários da equipe durante o intervalo da sessão de terapia familiar?" Logo, em março de 1985, aconteceu o modelo prático da equipe reflexiva!

Aprendemos que o pensamento sistêmico deve incluir, além de nós, a relação que temos com outros profissionais, formando um todo do qual já fazemos parte. Se as novas ideias vierem impositivamente de fora de um sistema, irão se desenvolver com dificuldade. Essas ideias se desenvolvem melhor se vierem com o próprio sistema. As conversações, denominadas **processos reflexivos**, buscam as várias descrições existentes em um acontecimento, construindo um contexto para realizar perguntas em vez de buscar pelas respostas.

A contribuição do (a) terapeuta é constituída basicamente de perguntas, em particular, daquelas que geralmente os clientes não se fazem, e quando adequadamente incomuns dão possibilidade a muitas respostas, que, por sua vez, podem gerar novas perguntas. Essa é a **arte de perguntar**! Cada pergunta formulada pelo terapeuta é encarada como possuindo alguma intenção e alçada em alguma hipótese. **Perguntas lineares** têm caráter investigativo, podendo não favorecer as mudanças. **Perguntas circulares** despertam com curiosidade a compreensão sistêmica das influências recíprocas nas relações interpessoais. **Perguntas estratégicas** têm efeito corretivo e controlador. E as **perguntas reflexivas** abrem espaço para novas perspectivas, direções e percepções.

O efeito das perguntas nos terapeutas é variável. Com perguntas lineares tornam-se terapeutas mais julgadores. Perguntas circulares geram atitude de aceitação, e as perguntas estratégicas levam a uma atitude de oposição em relação aos clientes. Com a utilização de perguntas reflexivas, tornam-se terapeutas mais criativos. As diferentes formas de perguntar trazem importantes contribuições na terapia familiar e de casal.

O crescimento exponencial da terapia familiar superlotou o campo com diferentes **escolas de terapia familiar**, cada uma com importantes e diferentes contribuições e possibilitando inúmeros processos terapêuticos e técnicas de atendimento. Abordaremos os processos terapêuticos e técnicas de atendimento mais utilizados na terapia familiar e provavelmente não esgotaremos esse tema tendo em vista a diversidade de escolas. No escopo deste artigo nos deteremos nas mais conhecidas e utilizadas.

Terapia familiar sistêmica de Murray Bowen (psiquiatra, EUA, início dos anos de 1950). A perturbação na família tem sua raiz em fatos passados, que constituem a história natural da família e que são transmitidos de geração a geração. Diferenciar-se diz respeito à afirmação da singularidade, à individuação e ao direito de pensar e expressar-se independentemente dos valores defendidos pela família. Dentre as técnicas de atendimento destacamos o **genograma**, uma das intervenções mais importantes para a prática sistêmica, que coleta informação usando regras e simbologia próprias, sobre a estrutura familiar, os dados demográficos, a história clínica e as relações entre os membros familiares. Inclui ao menos três a quatro gerações. Olha-se o passado (família de origem) para contextualizar a história e, ao integrar o presente, possibilita mudanças no futuro.

Terapia Familiar Estrutural de Salvador Minuchin (psiquiatra nascido na Argentina e radicado nos EUA). Entende-se como **estrutura** um conjunto invisível de necessidades funcionais que organizam o modo como os elementos da família interagem. O objetivo dessa abordagem é perceber a estrutura familiar avaliando adaptabilidade, fronteiras, função e papel, vínculos, poder e hierarquia entre os membros da família. As fronteiras (linhas divisórias) devem ser nítidas o suficiente para promover a separação e a autonomia dos indivíduos e dos subsistemas, e permeáveis o bastante para garantir apoio mútuo e afeição. Com as **famílias emaranhadas**, o objetivo é diferenciar os indivíduos e os subsistemas, fortalecendo-se as fronteiras entre eles. Com as **famílias desligadas**, o objetivo é aumentar a interação, tornando as fronteiras mais permeáveis.

Terapia Familiar Estratégica. Evoluiu para três modelos: Terapia breve de Grupo, do Mental Research Institute (MRI); Terapia Estratégica, de Jay Haley e Cloé Madanes; Modelo sistêmico de Milão (Cecchin e Luigi Boscolo); e foi influenciada pelo psiquiatra Milton Erickson. Esses teóricos compartilham uma visão sistêmica (circular) do problema e uma orientação estratégica (planejada) para a mudança. Eles acreditam que mudando a cadeia de interações, os problemas desaparecem. Dentre as técnicas de atendimentos destacam-se: perguntas circulares, rituais, conotação positiva, prescrição do sintoma e intervenção paradoxal.

Terapia familiar focada na solução. É uma descendente direta da abordagem do MRI com a ênfase no que funciona. As referências teóricas são: Steve de Shezer, Milton Erickson e o **Construcionismo social** (em que a linguagem cria a realidade). Busca ajudar o cliente a ver que seus problemas têm exceção e que essas exceções são soluções ainda não tentadas. Trabalha com o presente e foca o futuro sem o problema. Contempla um conjunto de técnicas para transformar a "fala-problema" na "fala-solução", tendo sido sugeridas algumas intervenções, como: questão de exceção; questão do milagre; questão de escala; questão de manejo e tarefas; e questão de elogio.

Terapia Familiar Narrativa. Modelo baseado no construcionismo social. Michael White e David Epston, na década de 1970, foram os pioneiros; Harlene Anderson e Harry Goolishian, entre os anos de 1980 a 1990, e Lyn Hoffman acrescentaram uma visão pós-moderna. Eles acreditam que os problemas não estão nas pessoas (visão psicanalítica) ou nos relacionamentos (teoria sistêmica), e sim nos pontos de vista, nos significados relativos às pessoas e a suas interações. As explicações e histórias que contamos a nós mesmos organizam nossa experiência e moldam nosso comportamento. A externalização do problema é uma das técnicas mais utilizadas.

Recomendamos uma leitura cuidadosa nas diversas escolas de terapia familiar, bem como no aprofundamento com o tema, estabelecer um diálogo interno com os diversos processos terapêuticos e técnicas de atendimento. Cada escola proclama uma série de verdades, mas apesar de certa sobreposição não há conflitos notáveis entre tais verdades.

Terapia de Casal é um dos desdobramentos da Terapia Familiar onde o cliente é o casal vivendo uma situação de conflito ou também vivenciando as transições do ciclo de vida familiar que necessitam de ajustes: casal, filhos pequenos, adolescentes, ninho vazio e velhice. É cada vez mais frequente recebermos os noivos antes do casamento para Terapia de Casal com o propósito de "arrumar a mala" para a vida conjugal, ou seja, olhar para a bagagem emocional que irão levar consigo para a vida a dois. E isso é um privilégio!

Atender a casais é um desafio. Por sua vez, os filhos trianguladas na disfunção conjugal tornam-se sintomáticos, levando a família à terapia. Os sintomas apresentados pelos filhos são os mais variados possíveis: alterações do comportamento, queda do rendimento escolar, distúrbios alimentares (anorexia e bulimia), obesidade, sintomas gastrointestinais (dor abdominal recorrente, constipação e escape fecal), entre outros. Quanto maior o número de sintomas, foco individual e rigidez do sistema, maior será a necessidade de intervenções sofisticadas, assim como a curiosidade, a criatividade e o talento do terapeuta serão essenciais na abordagem sistêmica com famílias e casais.

Apesar da tendência natural de focar os problemas e o que os causa, o mais importante para o sucesso da terapia são as **forças da família**, não suas fraquezas. Do ponto de vista sistêmico o término da terapia ocorre naturalmente quando o processo terapêutico de fato atendeu às demandas do cliente, e principalmente quando o terapeuta contribui com a autonomia e a funcionalidade do sistema familiar e seus diversos subsistemas (conjugal, parental, filial e fraternal). É um "final com a porta aberta", significando que a família e seus diferentes subsistemas poderão retornar quando julgarem necessário ao surgir nova demanda ou para os ajustes nas transições do ciclo de vida familiar.

Acompanhar uma família é como acender a luz em uma sala escura. É emocionante perceber como o comportamento das pessoas faz sentido no contexto de suas famílias! A arte de tratá-la está em aliviar o sofrimento e a angústia. E a diferença que faz a diferença é resgatar a sua força, saúde, competência e autonomia.

Referências

ANDERSON, H. *Conversação, Linguagem e Possibilidades. Um enfoque pós-moderno na terapia.* São Paulo: Roca, 2009.

ANDERSEN, T. *Processos reflexivos.* 2. ed. Rio de Janeiro: Instituto Noos; ITF, 2002. 215 p.

ELKAIM, M. *Panorama das terapias familiares.* São Paulo: Summus, 1998. v. I e II.

MINUCHIN, S. FISHMAN, H. *Técnicas de terapia familiar.* Porto Alegre: Artes Médicas, 2003.

MINUCHIN, S.; NICHOLS, M.; LEE, W. *Famílias e Casais do sintoma ao sistema.* Porto Alegre: Artmed, 2009.

NICHOLS, M.; SCHWARTZ, R. *Terapia Familiar, conceitos e métodos*. Porto Alegre: Artes Médicas, 2007.

OSÓRIO, L. C.; VALLE, M. E. P. *Manual de Terapia Familiar*. Porto Alegre: Artmed, 2011. v. II, cap. 2, p. 27-38.

PAULA, R. F. de. *Terapia de Casal – Enfoque Comportamental-Sistêmico*. IV Curso de Especialização em Terapia Familiar – Universidade Federal de Pernambuco, 2005.

ROSSET, S. M. *O uso da Teoria Geral de Sistemas na Prática Clínica*. Disponível em: http://www.srosset.com.br/. Acesso em: 15 out. 2017.

VASCONCELLOS, M. J. E. de. *Pensamento Sistêmico*: o Novo Paradigma da Ciência. Campinas: Papirus, 2002.

3

PSICOTERAPIA DE CASAL E GESTALT-TERAPIA

Claudine Alcoforado Quirino

Luana Virgínia Silva

Este capítulo tem como objetivo discutir a psicoterapia de casal na perspectiva da Gestalt-terapia; para tanto, abordaremos alguns conceitos da referida abordagem e faremos articulações com a intervenção dos casais.

Compreendemos a Gestalt-terapia como uma abordagem do cuidado, pois "cuidar é uma atitude que traz implicitamente o desprendimento de si e um voltar-se para o outro, numa relação de afetividade, de interesse genuíno e de atenção para com a pessoa de quem se cuida" (CARDOSO, 2013, p. 67). Assim destacamos a atitude do psicoterapeuta na relação com casais, pois se trata de uma terapia do encontro, uma terapia relacional, em que se cuida da relação entre os casais enquanto espaço de abertura para retomada de uma relação comunicacional congruente.

A Gestalt-terapia compreende o homem como um ser relacional, influenciando o mundo e sendo influenciado por este, constituindo-se assim subjetivamente em suas relações com os outros e com o mundo. Essa compreensão colabora com o modo de entender o sistema familiar e de casal, na qual o "comportamento" de um membro refletirá nos demais, e de acordo com Silveira (2005, p. 3) "O mundo atual é um mundo de redes, o que acontece com uma pessoa reflete em toda uma rede. Assim é também na rede conjugal e familiar".

Como destaque especial, apontamos para o princípio do aqui e agora, pois o casal traz sua presença em conjugalidade ao sinalizar suas dificuldades relacionais em sessão; queremos dizer que no atendimento a casais há um privilégio de acompanhar a conjugalidade em ação, em que o casal no aqui e agora, na companhia da intervenção psicoterapêutica, mostra-se. Ainda segundo Costa (2014, p. 139), "A prática gestáltica da vivência no aqui e agora, portanto visa instigar e integrar situações inacabadas, não assimiladas, que não se tornaram parte de nós". Desse modo, a intervenção psicoterapêutica sinalizada na conjugalidade que se mostra no aqui e agora por si só já favorece a ampliação de *awareness* (o "despertar") nos casais, trazendo os modos relacionais observados e apontando para possíveis dificuldades não compreendidas pelos cônjuges em relação.

> Apenas quando a *awareness* coletiva da família se manifesta ou se abre é que eles podem começar a se sentir suficientemente à vontade para fazer a si mesmos as perguntas mais difíceis e provocativas. (ZINKER, 2001, p. 129).

Outros conceitos também colaboram na compreensão da psicoterapia de casal, tais como figura e fundo, campo organismo/meio, totalidade, polaridades, fronteira de contato e ajustamento criativo.

Figura 1 – Casal: figura e fundo

Fonte: https://maryworks.wordpress.com/2015/07/02/o-que-e-realidade/

Essa imagem retrata bem o que iremos discorrer: de início algumas pessoas podem enxergar a árvore, em seguida surge o urso e o leão, e logo as imagens podem alternar-se. De acordo com Rodrigues, (2000 p.112) "[...] 'fundo' é tudo, o que nos cerca, nós próprios, nossa história... Enfim tudo o que possa servir como contexto para o surgimento de algo". Segundo Frazão (2013), no princípio de figura e fundo, algo irá se destacar; dessa forma, o que se destaca fica em primeiro plano, sendo então a figura; e o restante fica em segundo plano, sendo considerado como fundo. Para Rodrigues (2000), a figura se evidencia pelo fundo, ou seja, olhamos para o fundo e assim evidenciamos a figura.

Desse modo, cada pessoa na relação conjugal traz consigo uma história de vida, de relações variadas e afetos difusos, ou seja, um contexto acompanhado de experiências anteriores das mais diversas possíveis, e escolhe estar em relação de conjugalidade com outra pessoa, que traz consigo seu contexto. Numa perspectiva gestáltica, não destacaremos os contextos individuais, mas sim estaremos abertos à compreensão das figuras que se evidenciam e suas relações entre os "fundos" apresentados, no intuito de favorecer uma ampliação de consciência entre as figuras emergentes e os fundos não vistos.

Ficamos atentos às escolhas de cada um, às figuras emergentes eleitas pelo casal no intuito de favorecer a compreensão dos sentidos vinculados a essa escolha em detrimento de outras, ou seja, enquanto um vê o leão o outro pode estar vendo o urso, mas não podemos esquecer a árvore. Estabelecer a compreensão da árvore seria intervir na relação não negligenciando seus leões e seus ursos, mas o que deles interfere nessa relação, convidando o casal a coparticipar da construção da árvore que querem ser.

Ressaltamos que o tempo todo novas figuras e fundos surgem. Frazão (2013, p. 103) menciona que "Não é a figura nem o fundo em si mesmos que determinam o significado, e sim a relação figura/fundo: é a relação figura/fundo que dá sentido à figura". Desse modo, uma figura aberta pede por fechamento, clama por uma retomada do fluxo, fluidez do processo de abertura e fechamento de Gestaltens.

Caminhamos na direção da retomada do processo de fluidez da relação entre organismo/meio, que é denominada como regulação organísmica, rumo à "totalidade", no sentido que o todo é maior do que a soma das partes. Frazão (2013, p. 100) considera que "Trata-se da configuração como um todo – os objetos por nós percebidos constituem formas que são mais do que a soma das sensações". A Figura 1 nos proporciona esse sentido, visto que é composta por várias partes e sua totalidade é maior do que a soma de cada parte.

De acordo com Lima (2014), a autorregulação organísmica nada mais é do que a tentativa de fechamento e resolução de uma situação inacabada. Então, a briga muitas vezes pode ser o caminho que o casal encontrou para ajustar-se e autorregular-se naquele momento. Podemos até entender esse caminho como "disfuncional" talvez, mas foi o possível no momento, e nessa situação a psicoterapia contribui com o casal na possibilidade de encontrar novos modos de compreensão das figuras emergentes e contextualizações e retomada da regulação organismo/meio/campo.

A Gestalt-terapia aproximou-se da teoria de campo de Kurt Lewin, abordando o campo organismo/meio. Perls, Hefferline e Goodman (1997 *apud* RODRIGUES, 2013, p. 143):

> Quando pensamos em um organismo, devemos vê-lo inserido em uma situação, pois ele sempre existe em um campo organismo/meio, sendo a fronteira de contato um "órgão" específico de *awareness* da situação nova que se presentifica no campo.

Rodrigues (2013, p. 143-144) compreende o campo como "uma totalidade de forças que se influenciam mutuamente e juntas formam um todo unificado interativo". Ele considera o campo como sendo o que acontece, e não como um espaço que abarca o acontecimento; antes é o próprio acontecimento. Nesse caso, quando o casal procura a psicoterapia, abordando alguma situação problema, naquele momento, o casal é aquela situação, são partes daquela crise ou sofrimento, são a própria situação da qual buscam a "resolução".

O casal em conflito, ao procurar psicoterapia de casal, evidencia que aquele sistema se apresenta "disfuncional", ou seja, o modo em que estão interagindo não anda "sustentavelmente bem". A partir dessa compreensão, podemos adentrar ao contexto da fronteira de contato. Segundo Salomão, Frazão e Fukumitsu (2014, p. 51-52):

> Como ilustração, pode-se pensar que, quando uma pessoa segura a mão de outra, costuma ocorrer uma alteração de temperatura tanto na mão que toca quanto na que está sendo tocada. Essa "nova" temperatura não pertence nem a uma mão nem à outra, sendo um fenômeno da fronteira de contato.

Destacamos então o processo de fluidez e rigidez como sendo observado na fronteira de contato. D'Acri (2014) menciona que as disfunções de contato acontecem quando não ocorre fluidez no processo de criação de figura e fundo. Sendo assim, ocorrem as interrupções de contato na relação.

Na psicoterapia de casal há uma tendência a apontar no outro e vice-versa a dificuldade como causa do problema. Ou seja, há uma polarização da dificuldade, adotando-se, muitas vezes, um olhar linear para o conflito. Nosso maior manejo psicoterapêutico é trazer à luz que não há uma localização da causa em uma pessoa específica, mas sim uma perspectiva circular na compreensão da situação conflituosa em questão, um sistema construído e sustentado por dois que favorece a manutenção do "problema".

Compreendemos e sinalizamos o funcionamento do par/casal, não colocando o foco no sintoma nem na queixa em si, mas sim na interação sujeito/sujeito/meio. Desse modo destacamos o compromisso na perspectiva relacional cocriada em que todos estão sustentando o conflito tal como está. Não existe um e outro ou outros, existe um todo em relação; assim, "O perigo é ficarmos presos num som estridente e perdermos a melodia como um todo" (SILVEIRA, 2016, p. 144).

O sistema, então, sinaliza e clama por mudanças, um convite subjetivo para transformar uma ação coparticipante na direção da situação problema como possibilidade de criação de novos modos interacionais menos conflituosos. Assim destacamos Cardella (2014) no que diz respeito ao ajustamento criativo, que é compreendido como a capacidade criativa que o sujeito possui para responder diante dos acontecimentos que o deixam paralisado. Ou seja, são os recursos que ele encontra para superar determinada situação.

> Ajustar-se criativamente implica imprimir sua marca nos acontecimentos da vida "personalizando-a", tornando-a própria, atualizando as potencialidades singulares, presentificando-as na interação com o mundo. (CARDELLA, 2014 p. 113).

Que possamos olhar e intervir na crise como possibilidade de ação criativa, considerando a experimentação na Gestalt-terapia meio para a ação espontânea produtora de significados e sentidos, ampliando e rompendo com o instituído.

Segundo Silveira (2016, p. 163), podemos compreender a psicoterapia de casal como um estado de arte no encontro "entre acolhida, respeito às diferenças, clareza de fronteiras, capacidade de observar e intervir no todo, humildades, segurança, confiança no potencial do casal para mudar, estar junto sem se impor, liberdade para perceber o processo, versatilidade, criatividade, coragem, capacidade de trabalhar com a "boa forma".

Assim, interrompemos este capítulo com um convite aos psicoterapeutas: que possamos ajudar os casais em crise a performar coparticipativamente de um novo modo, presentes na experiência.

Referências

CARDOSO, Claudia Lins. A face existencial da Gestalt-terapia. *In:* FRAZÃO, Lilian Meyer; FUKUMITSU, Karina Okajima (org.). *Gestalt-terapia:* fundamentos epistemológicos e influências filosóficas. São Paulo: Summus, 2013.

CARDELLA, Beatriz Helena Paranhos. Ajustamento criativo e hierarquia de valores ou necessidades. *In:* FRAZÃO, Lilian Meyer; FUKUMITSU, Karina Okajima (org.). *Gestalt-terapia:* conceitos fundamentais. São Paulo: Summus, 2014.

COSTA, Virginia Elizabeth Suassuna. Temporalidade: aqui e agora. FRAZÃO, Lilian Meyer; FUKUMITSU, Karina Okajima (org.). *Gestalt-terapia:* conceitos fundamentais. São Paulo: Summus, 2014.

D'ACRI, Gladys Costa de Moraes Rêgo Macedo. Contato: funções, fases e ciclo de contato. *In:* FRAZÃO, Lilian Meyer; FUKUMITSU, Karina Okajima (org.). *Gestalt-terapia:* conceitos fundamentais. São Paulo: Summus, 2014.

FRAZÃO, Lilian Meyer. Psicologia da Gestalt. *In:* FRAZÃO, Lilian Meyer; FUKUMITSU, Karina Okajima (org.). *Gestalt-terapia:* fundamentos epistemológicos e influências filosóficas. São Paulo: Summus, 2013.

FRAZÃO, Lilian Meyer; FUKUMITSU, Karina Okajima (org.). *Gestalt-terapia:* fundamentos epistemológicos e influências filosóficas. São Paulo: Summus, 2013.

LIMA, Patricia Valle de Albuquerque. Autorregulação organísmica e homeostase. *In:* FRAZÃO, Lilian Meyer; FUKUMITSU, Karina Okajima (org.). *Gestalt-terapia:* conceitos fundamentais. São Paulo: Summus, 2014.

RODRIGUES, Hugo Elidio. *Introdução à Gestalt-Terapia*: conversando sobre os fundamentos da abordagem gestáltica. Rio de Janeiro: Vozes, 2000.

RODRIGUES, Hugo Elidio. *Introdução à Gestalt-Terapia*: conversando sobre os fundamentos da abordagem gestáltica. Rio de Janeiro: Vozes, 2000.

SILVEIRA, Terezinha. Caminhando na corda bamba: a gestalt-terapia de casal e de família. *GT na Rede*, v. 2, n. 3, 2005.

SILVEIRA, Terezinha. Terapia de casal e de família: uma visão de campo. *In*: FUKUMITSU, Karina; FRAZÃO, Lilian (org.). *Modalidades de Intervenção clínica em Gestalt-terapia*. São Paulo: Summus, 2016.

SALOMÃO, Sandra; FRAZÃO, Lilian Meyer; FUKUMITSU, Karina Okajima.Fronteiras de contato. *In*: FRAZÃO, Lilian Meyer; FUKUMITSU, Karina Okajima (org.). *Gestalt-terapia:* conceitos fundamentais. São Paulo: Summus, 2014.

ZINKER, Joseph C. *A busca da elegância em psicoterapia:* uma abordagem gestáltica com casais, famílias e sistemas íntimos. 4. ed. São Paulo: Summus, 2001.

4

A TERAPIA COM FAMÍLIAS NA ABORDAGEM PSICANALÍTICA

Edna Malheiros

Não somos apenas o que pensamos ser. Somos mais; somos também, o que lembramos e aquilo de que nos esquecemos; somos as palavras que trocamos, os enganos que cometemos, os impulsos a que cedemos... "sem querer".

(Sigmund Freud)

Durante anos a família vem mudando seus hábitos e costumes de forma significativa; essas mudanças podem ser percebidas desde os hábitos mais simples, como fazer as refeições em família, até as mais significativas, como o afrouxamento do limite que tem levado, de alguma forma, à falha da internalização da lei e o relacionamento entre pais e filhos, que tem sido ora mais transparente e ora mais distante. Como consequência disso, pode-se pensar, em alguns casos, na impossibilidade da constituição do indivíduo como sujeito sociável, o que indica um mal-estar tanto para a pessoa quanto para a sociedade.

Fazendo uma releitura da psicodinâmica familiar contemporânea, por meio da perspectiva psicanalítica freudiana, pode-se observar que a falha da internalização da lei, do limite, bem como da menor convivência entre pais e filhos, tem trazido dificuldades no cenário atual. Desse modo, observa-se o acirramento de alguns sintomas refletidos na família contemporânea, como a infração e, consequentemente, em algumas situações, a violência/agressão, depressão, síndrome de pânico, entre outros, gerando repercussões na vida da pessoa, na família e na ordem social.

Essas mudanças que vêm transformando as relações familiares favorecem a ocorrência de dificuldades pessoais e, também, no grupo familiar, pois quando as pessoas estão interagindo nesse grupo, os processos relacionais que emergem refletem os indivíduos envolvidos, seus padrões coletivos de interação e também suas dificuldades individuais, que atrapalham a sua interação e repercutem no grupo. Essas dificuldades, que podem ser, apenas, de um membro da família, poderão levar a afastamento dos demais membros, surgimento de segredos, isolamento, angústia, ansiedade e outros sintomas que fragilizam a pessoa, podendo dificultar a convivência familiar. Quando uma família procura por acompanhamento terapêutico é um indicativo de que, pelo menos, um membro desse grupo reconhece que alguma coisa não está bem, que a vida familiar poderia se pautar por uma convivência mais saudável e, por outro lado, que essa família aceita e espera ser ajudada.

As mudanças que estão ocorrendo na sociedade e nas famílias também estão repercutindo no exercício da prática terapêutica, provocando no terapeuta novas reflexões, a busca constante de atualização no desenvolvimento da sua maneira de agir, um novo olhar, o que faz com que ele não se prenda apenas a um modelo de atuação. A pós-modernidade exige do terapeuta uma ampliação da sua visão e atuação, fazendo-o refletir sobre: o motivo de a família apresentar dificuldades na convivência interna, porque seus membros não foram capazes de resolver suas dificuldades; o que no seu jeito (do terapeuta) de tentar não funcionou; o que está causando sofrimento e, principalmente, se existe uma questão individual que está dificultando a convivência.

O terapeuta familiar psicanalítico precisa estar aberto às surpresas do encontro com a família. Essa postura de abertura pode ser uma das mais eficazes ferramentas de que o terapeuta dispõe. Ele precisa entender que cada encontro é novo, é único e que é difícil prever as forças que irão emergir, mas se faz necessário atuar da forma mais eficaz naquele contexto, e com as ferramentas mais diversas de que dispõe, para propiciar o alívio do sofrimento da família. A preocupação do terapeuta familiar psicanalítico é ajudar as famílias a encontrarem modos produtivos de viver juntos.

Contribuições da Psicanálise para a família

A Terapia Psicanalítica da Família e do Casal surgiu como uma ampliação da técnica psicanalítica individual, que por sua vez foi baseada nos atendimentos a pacientes esquizofrênicos e suas famílias, em meados da década de 1940. Os principais autores que estudaram a inclusão da família na análise de seus pacientes e desenvolveram conceitos que mostram a importância dessa inclusão foram Sigmund Freud, Wilfred Bion, Melanie Klein, Jacques Lacan e Donald Winnicott. Esses autores utilizaram o conceito de família da Sociologia e o adaptaram para uma concepção psicanalítica, alicerçados pelos estudos de Freud sobre o complexo de Édipo e a relação com os três registros lacanianos: real, imaginário e simbólico. Tanto Freud como Lacan, nesses estudos, aborda o processo de constituição e desenvolvimento do sujeito.

Segundo os pós-freudianos Lacan, Klein, Bion e Winnicott, a dinâmica familiar envolve duas unidades sociais primárias: a família de origem e a família nuclear. A família de origem é aquela por meio da qual

> cada um dos cônjuges construiu seus padrões de relacionamento; e a família nuclear, através da qual os padrões de relacionamento aprendidos e vivenciados, a nível consciente e inconsciente pelos cônjuges durante a infância e adolescência são repetidos e continuamente desenvolvidos (CALIL, 1987, p.76).

Mandelbaum (2008, p. 48) diz que, do ponto de vista psicanalítico, "a família é um grupo de pessoas caracterizado pela natureza das interações entre os seus membros e pelos processos dinâmicos inconscientes que estão na base de seus laços manifestos". E a Terapia

Familiar Psicanalítica constituindo-se como um espaço grupal construído entre a família e o terapeuta, onde esses processos dinâmicos inconscientes poderão ser examinados, refletidos, e ressignificados, criando uma nova perspectiva para tratar dos conflitos e sofrimentos inerentes aos laços familiares.

Semelhantemente ao que ocorre na psicanálise individual, na psicanálise da família é no exame do que acontece na situação psicanalítica, entre a família e o terapeuta, que poderão ser ressaltados aspectos do modo de relacionamento entre os familiares, os lugares ocupados por cada um deles e os processos dinâmicos que mobilizam ou impedem as relações e transformações. Segundo Mandelbaum (2008), é importante ressaltar que, ao trabalhar a família, onde todos os seus membros são partes na Terapia Familiar, as expressões de cada membro serão sempre referidas ao grupo, como indicações do modo de funcionamento psíquico do conjunto.

Como no processo psicanalítico individual, a Terapia Familiar Psicanalítica também é uma terapia pela linguagem do grupo familiar e que estuda a dinâmica grupal-familiar regida por forças inconscientes. O objetivo dessa terapia é propiciar a autonomia dos psiquismos individuais de cada um dos membros familiares interpretando, por isso, as emoções, os diversos amores praticados, seja o amor conjugal, filial ou fraterno, e o funcionamento dos papéis sexuais presentes no seio familiar. Então, o foco da referida terapia é ajustar o indivíduo ao grupo familiar de tal forma que suas relações se tornem menos tensas e mais compreensivas, ou seja, visa "ao desenvolvimento do amor pela compreensão e pelo conhecimento nos membros da família" (EIGUER, 1985, p. 18).

Quando uma situação individual vivenciada inconscientemente por um membro do grupo familiar traz desconforto, isso se reflete em todos os familiares e, facilmente, produz modos de interação não transparentes e que se vão cristalizando, quer na forma de distanciamento, quer de excessiva interferência na vida uns dos outros. Isso poderá provocar os mais diversos sintomas, tais quais agressividade, depressão e até baixo rendimento na escola, que passam a ser considerados enquanto próprios da pessoa sintomática. Geralmente essa pessoa passa a ser identificada como um caso isolado, que precisa ser tratado sim, porém não de forma isolada. A atuação do terapeuta é ver as ações dos membros da família como produto de suas interações, e de acordo com Nichols e Schwartz, "a essência do tratamento psicanalítico é descobrir e interpretar impulsos inconscientes e defesas contra eles" (NICHOLS; SCHWARTZ, 2007, p. 227).

O processo de investigação do inconsciente, utilizado pelo método psicanalítico, tem como foco a identificação de situações em que a pessoa está envolvida e isso poderá fornecer subsídios para a compreensão das relações familiares e das dificuldades relacionais aparentes, em que a causa real poderá, inconscientemente, ser outra e estar encoberta. Na Terapia Familiar Psicanalítica não se trata de analisar cada pessoa conforme os autores acrescentam: "é saber onde olhar para descobrir os desejos e os medos básicos que impedem esses indivíduos de interagir de maneira madura" (NICHOLS; SCHWARTZ, 2007, p. 227).

Os sintomas derivados das dificuldades individuais, e que são refletidas no grupo familiar, são encarados como decorrência de experiências passadas que foram recalcadas. O método utilizado, na maior parte das vezes, é interpretativo, sendo esses sintomas explorados e interpretados, com o objetivo de ajudar os membros da família a tomar consciência de como o comportamento adotado no passado, e no presente também, foi influenciado inconscientemente pelas experiências de cada pessoa.

Zimerman (1999, p.438) traz os ensinamentos de Freud, com a sua crença de que "a psicologia individual e social não diferem em sua essência" e acrescenta o que também Freud profetizara antes, que "o êxito que a terapia passa a ter no individuo, haverá de obtê-lo na coletividade".

A Terapia Familiar de enfoque Psicanalítico é também denominada de grupalista e é inspirada na teoria e na prática dos trabalhos com os diversos grupos de pessoas, e que, segundo Ruffiot (1981), é uma representação fantasmática e grupal do indivíduo no seio de sua família. Como a pessoa não é um ser isolado, e sim um membro ativo e reativo do seu grupo familiar e demais grupos sociais a que pertence, na sua essência, a referida abordagem objetiva ajudar as pessoas a compreender seus motivos básicos e resolver conflitos em relação a expressar seus anseios.

A psicanálise do grupo familiar

A família tem um significado individual e, também, um significado universal; cada família tem seus valores, crenças, regras e formas de interagir, o que torna seu significado complexo e ambíguo. As famílias repassam aos filhos o que aprenderam com seus pais: é o fenômeno da intergeracionalidade familiar. Os filhos recebem heranças e legados que são passados, na maioria das vezes, de forma não consciente e repetem o que viram e ouviram dos pais. Cerveny (1994, p. 41) comenta sobre essas repetições familiares:

> Devemos ampliar os modelos de repetição para o máximo de padrões de interação, ver as possibilidades de como se faz a transmissão dessa repetição, poder trabalhar preventivamente e não só curativamente, assumir que existem boas repetições e que elas devem ser conservadas na identidade de cada família.

Como a família é a única forma de organização que incorpora novos membros apenas pelo nascimento, adoção ou casamento, e cujos membros só deixam de existir para essa organização com a morte de algum de seus membros, mesmo assim sempre existirá na lembrança, na história da família uma repercussão dos momentos e lembranças, mesmo as pessoas estando distantes. Apesar de cada membro da família ter papel e função diferentes, seu principal valor são os relacionamentos, pois estes são insubstituíveis. Se um dos progenitores for embora ou morrer, outra pessoa poderá preencher **as funções paterno/materna**, mas jamais substituirá o progenitor em seus aspectos emocionais. Quando os familiares se relacionam de forma muito fusionada, apenas na vida adulta os filhos podem diminuir a fusão com a família alterando o seu padrão de funcionamento por meio de psicoterapia e/ou por outro tipo de mudança que culmine na diferenciação dos membros da família (BOWEN, 1991).

As famílias desenvolvem-se de muitas maneiras, mas é importante lembrar que seus membros individualmente estão, também, constantemente se desenvolvendo, biológica e psicologicamente, e essas áreas de desenvolvimento são afetadas e afetam, também, o desenvolvimento da família. O crescimento familiar adequado em todos os níveis é definido por valores e crenças sociais, que proporcionam as normas por meio das quais as famílias criam os filhos, que se constroem com as dificuldades e qualidades para serem as pessoas que são na vida adulta. Como afirma Winnicott (2005, p. 131):

> [...] a família da criança é a única entidade que possa dar continuidade à tarefa da mãe (e depois do pai) de atender as necessidades do indivíduo. A tarefa consiste em fazer face às necessidades mutantes do indivíduo que cresce, não apenas no sentido de satisfazer a impulsos instintivos, mas também de estar presente para receber as contribuições que são características essenciais da vida humana.

Assim é que, por meio da forma de convivência e do ambiente em que é formada, a pessoa se desenvolve, especificamente quanto à questão do apego em relação à figura da mãe: se é *seguro*, quando a criança se mostra confiante na exploração do ambiente e retorna à mãe após essa exploração, demonstrando segurança na volta ao aconchego da mãe; ou *inseguro*, quando a criança explora pouco o ambiente à sua volta e apresenta pouca ou intensa interação com a mãe, no seu retorno. Com o passar do tempo, as características desse apego vão sendo modificadas e se aperfeiçoando, à medida que as relações familiares e afetivas vão sendo construídas no meio socioemocional e cultural em que a pessoa está inserida.

Outro processo importante na formação do adulto e sua vivência familiar é o de diferenciação que propicia que o jovem adulto separe-se da família de origem sem romper relações ou fugir reativamente para um refúgio emocional substituto, pois, quanto mais satisfatoriamente puder se diferenciar emocionalmente da família de origem, melhores serão as chances e capacidade de o jovem adulto passar a aceitar a responsabilidade emocional e financeira por si próprio, bem como estabelecer relações profissionais, desenvolver relacionamento íntimo com adultos da mesma geração, fazer suas escolhas conscientes, inclusive de formar sua nova família. E já adultos e independentes continuarem sendo membro da família de origem e construírem uma nova forma de interação com ela.

Segundo Luiz Meyer (2002, p. xix), "a tarefa básica da família é auxiliar os indivíduos que a compõem na travessia de uma situação de absoluta dependência para uma gradativa autonomia". Quando a vivência familiar não possibilita essa passagem e ainda mais a vivência familiar é disfuncional, comprometendo a organização psíquica da criança e o desenvolvimento de seus membros, cresce o reconhecimento atual da importância de que os distúrbios familiares vivenciados na infância representam o fator essencial nas dificuldades apresentadas pelos indivíduos na vida adulta. Isso evidencia a necessidade do trabalho com a família, para conduzir seus membros na reconstrução dos laços afetivos.

E quando a convivência familiar é disfuncional e o seu desenvolvimento não ocorre de forma efetiva, em razão de dificuldades pessoais de um ou mais membros que apresentam isolamento, dificuldade de se comunicar, reações agressivas exageradas ou momentos de ansiedade e angústia constantes, é indicada a ação da Terapia Familiar Psicanalítica, pois esses sintomas precisam ser identificados e conhecidos pelos membros da família. Assim, eles podem ser reconhecidos, explorados e tratados com o grupo visando à funcionalidade do membro que os está apresentando acarretando a possibilidade de reconstrução dos laços afetivos na família.

Atuando inicialmente nas questões individuais, quando estas emergirem, é que a Terapia Familiar Psicanalítica poderá dar uma grande contribuição à família, trazendo à tona sentimentos isolados e dolorosos, inconscientemente guardados, que podem ser desmistificados, flexibilizados e interpretados de forma diferente e esclarecedora. Vale ressaltar que não é uma atuação nas doenças psíquicas, pois estas podem precisar de orientações médicas específicas. Trata-se de elaborar o que traz sofrimento à pessoa, que ela está inconscientemente guardando, e, ao ser desvendado, poderá trazer melhoria nas interações que ocorrem dentro do sistema familiar e mesmo a construção de novas formas de relacionamento, dentro e fora da família.

Considerações finais

O atendimento à família com base na Teoria Psicanalítica requer do terapeuta um olhar global e, também, um olhar e uma escuta individual, para possibilitar o entendimento do funcionamento do todo, e de como andam as relações familiares. Mas é necessário que seja uma escuta bem acurada para pontuar, quando for oportuno, os traumas que podem estar atrapalhando ou dificultando a funcionalidade da família.

A prática tem nos mostrado que, apesar das dificuldades e resistências, a abordagem psicanalítica de terapia familiar está evoluindo e tem trazido mudanças nos conceitos de saúde e doença. Estão sendo consideradas as interferências a que as pessoas estão submetidas na convivência com os grupos e com a cultura, e, também, as mudanças decorrentes da complexa interação entre os aspectos biológicos, psicológicos, sociais e culturais a que estão sujeitas as pessoas. A integração desses aspectos nos dá um referencial mais amplo, menos rígido e que tem trazido muitos benefícios, de forma especial para as famílias atendidas.

Fica difícil para alguns membros de uma família se relacionar de forma saudável e construtiva se eles próprios têm questões individuais não resolvidas e, até mesmo, desconhecidas, pois são inconscientes, que, por isso, impedem que exercitem o dar e o receber amor e afeto, impossibilitando uma convivência agradável e construtiva.

A Terapia Familiar Psicanalítica tem como foco inicial libertar os membros da família de suas limitações e de seus sofrimentos, causados por traumas decorrentes de situações vivenciadas, às vezes inconscientes, para que possam interagir melhor. Dessa forma, baseados no entendimento e apoio do grupo familiar, podem esclarecer e aliviar os motivos do seu sofrimento com a família. É muito importante a relação saudável da pessoa com ela mesma e dela com o grupo com o qual convive. Para que isso ocorrera é necessário que cada membro da família forme uma base segura, estruturada, consciente de suas limitações e potencialidades e possa se relacionar e contribuir para o desenvolvimento e crescimento da família, pois a interação entre os psiquismos individuais organiza um aparelho psíquico do grupo.

Referências

BOWEN, M. *De la familia al individuo*: la diferenciación del si mismo en el sistema familiar. Buenos Aires: Paidós, 1991.

CALLIL, V. L. L. *Terapia familiar e de casal*. São Paulo: Summus, 1987.

CERVENY, C. M. O. *A família como modelo*: desconstruindo a patologia. Campinas: Psy II, 1994.

EIGUER, A. *Um divã para a família*. Porto Alegre: Artes Médicas, 1985.

MANDELBAUM, B. *Psicanálise da Família*. São Paulo: Casa do Psicólogo, 2008.

MEYER, L. *Família*: dinâmica e terapia: uma abordagem psicanalítica. São Paulo: Casa do Psicólogo, 2002.

NICHOLS, M. P.; SCHWARTZ, R. C. *Terapia familiar:* conceitos e métodos. 7. ed. Porto Alegre: Artmed, 2007.

RUFFIOT, A. *La Thérapie Familiale Psychanalitique*. Paris: Dunod, 1981.

WINNICOTT, D. *A família e o desenvolvimento individual*. 3. ed. São Paulo: Martins Fontes, 2005.

ZIMERMAN, D. E. *Fundamentos psicanalíticos*: teoria, técnica e clínica – uma abordagem didática. Porto Alegre: Artmed, 1999.

5

TERAPIA COGNITIVO-COMPORTAMENTAL COM CASAIS E FAMÍLIA

Alessandro Rocha

Neste capítulo veremos os princípios, as aplicações e os estudos da terapia cognitivo-comportamental com casais e família.

Contexto e princípios

Os estudos sobre as crises conjugais originaram-se da Teoria da Aprendizagem e do Behaviorismo, que enfatizam a interação social e o contrato matrimonial. O enfoque cognitivista, por meio de Albert Ellis, na década de 1940, trouxe também acréscimos aos pensamentos e aos sistemas de crenças envolvidos na relação conjugal, além de formas de alteração dos comportamentos problemáticos (DATTILIO, 2011; KNAPP, 2004). Surgiram com este, outros estudos sobre tratamento clínico para casais (BECK, 1995).

O casamento idealizado envolve sentimentos como confiança, respeito, sensibilidade, compreensão e colaboração. Além disso, a dupla deve estar em sintonia para conseguir resolver os problemas do cotidiano, pois, muitas vezes, mágoas, desilusões, desentendimentos e problemas de comunicação podem levar a uma ruptura nessa parceria (BECK, 1995; PEÇANHA, 2005). Os casais ingressam em seus relacionamentos com crenças e expectativas aprendidas com a família e são influenciados por aspectos culturais, heranças étnicas e raciais, estado socioeconômico, escolha religiosa ou espiritual e valores do papel sexual (PICCOLOTO; PICCOLOTO; WAINER, 2007).

Os temas difíceis em comum para os casais são: o padrão de exigência/retraimento; o relacionamento versus direcionamento para o trabalho; e o emocional/racional (SALKOVSKIS, 1997). Os principais problemas que levam os casais a buscar a terapia são: dificuldades com a família de origem de um ou de ambos os cônjuges; distribuição das tarefas domésticas; questões envolvendo o manejo dos filhos; estresses oriundos do trabalho; questões financeiras e sexuais (PRADO; ZANONATO, 2018). Infidelidade conjugal e ciúme excessivo também são problemas que ocasionam crises conjugais e, em muitos casos, separações (PRADO, 2012; GOTTMAN, 1998).

As consequências de um divórcio são tão significativas que é considerada a segunda forma mais grave de sofrimento, sendo a primeira mais grave a morte do ser amado. A ruptura do casamento, muitas vezes, está relacionada com o alto grau de expectativas e exigências, e não com a desvalorização ou desqualificação da união (DATTILIO, 1995; FÉRES-CARNEIRO, 2003).

A Terapia Comportamental e a Terapia Cognitivo-comportamental (TCC) são usadas para tratar os déficits de comunicação, resolução de problemas, disfunções sexuais e reestruturação de crenças, comportamentos e pensamentos que geram uma desarmonia conjugal (PICCOLOTO; PICCOLOTO; WAINER, 2007).

A Terapia Cognitivo-comportamental com Casais, com base na premissa de que a inter-relação entre cognição, emoção, comportamento está implicada no funcionamento do ser humano e, consequentemente, em seus relacionamentos, visa a identificar e intervir nas situações que causam o desconforto de uma das partes ou de ambas. Logo, essa terapia contribui esclarecendo os esquemas disfuncionais individuais, busca a melhora da capacidade de resolução de problemas e o aumento da eficácia da comunicação conjugal, corrigindo os padrões de pensamento e as decorrentes distorções, pela forma como o casal interpreta suas experiências (PICCOLOTO; PICCOLOTO; WAINER, 2007; DATTILIO, 2011; KNAPP, 2004).

O modelo cognitivo constitui-se de crenças nucleares, pressupostos subjacentes e pensamentos automáticos. As crenças nucleares são ideias e conceitos mais internalizados acerca de si mesmo, das pessoas e do mundo. Os pressupostos básicos são regras, padrões, premissas e atitudes que guiam as condutas humanas, e os pensamentos automáticos são as cognições mais acessíveis (KNAPP, 2004).

A referida terapia tem como objetivo identificar e reestruturar pensamentos responsáveis por comportamentos desadaptativos ou disfuncionais. Transtornos psicológicos derivam de erros específicos de pensamento, que foram denominados "distorções cognitivas". Com isso, os indivíduos se tornam mais vulneráveis aos eventos adversos da vida, pois tendem a interpretá-los de forma exagerada, distorcida, personalizada e negativa. No nível mais imediato da consciência temos os pensamentos automáticos, que influenciam na emoção e no comportamento dos sujeitos e podem ser categorizados (DATTILIO, 2004; LEAHY, 2006). Por meio de questionamento socrático o casal é provocado à reflexão sobre as distorções cognitivas, que são:

Quadro 1 – Distorções Cognitivas no Casal

Interferência arbitrária	Conclusões são feitas sem evidências que confirmem os dados.
Abstração seletiva	O(a) parceiro(a) tende a perceber alguns detalhes negativos de uma situação, como uma 'visão de túnel'.
Maximização e Minimização	A situação é avaliada de maneira incorreta, onde os aspectos negativos são supervalorizados e os positivos são subvalorizados.

Pensamento dicotômico	Pensamento polarizado, 'tudo-ou-nada', percepção da realidade em duas categorias excludentes em termos absolutos.
Catastrofização	A pessoa imagina de forma terrível e insuportável uma situação que ainda não aconteceu.
Atribuição de culpa	O(a) cônjuge julga o parceiro como o causador de sentimentos negativos e não se disponibiliza a fazer modificações a respeito da situação.

Fonte: Piccoloto et al., 2007

Segundo Beck (1995), as distorções mais frequentes nas relações desarmônicas são: leitura de pensamento (capaz de adivinhar pensamento do cônjuge de forma incorreta); e generalização (significado negativo a todas as situações que ocorreram).

Cada cônjuge possui interpretações sobre a relação conjugal, e isso pode gerar satisfação se for flexível para dialogar ou pode gerar insatisfação se for rígido mentalmente, principalmente quando não tem abertura para mudança e não reconhece os equívocos e impactos negativos provocados na relação.

Em estudo, Lazarus (1992) contribuiu com relevante entendimento a respeito de mitos conjugais. Mitos são mentiras aprendidas ao longo do tempo com base nas referências pessoais que temos ao longo da vida. Os mitos conjugais são:

Quadro 2 - Mitos Conjugais

Mito 1 - Marido e esposa são os melhores amigos.
Mito 2 - O romantismo do casal faz o bom matrimônio.
Mito 3 - Uma relação extraconjugal destrói o casamento.
Mito 4 - Quando se sentir culpado, confesse.
Mito 5 - O marido e a esposa devem fazer tudo juntos.

Mito 6 – Temos que lutar para salvar o casamento.
Mito 7 – Num bom relacionamento, um tem confiança total no outro.
Mito 8 – Você deve fazer o outro feliz no casamento.
Mito 9 – Num bom relacionamento, esposo e esposa podem descarregar "tudo" no outro.
Mito 10 – Os bons maridos consertam tudo em casa, e as boas esposas fazem a limpeza.
Mito 11 – Ter um filho melhora um mau casamento.
Mito 12 – O matrimônio deve ser uma sociedade 50%-50%.
Mito 13 – O matrimônio pode realizar todos os nossos sonhos.
Mito 14 – Os que amam de verdade advinham os pensamentos e sentimentos do outro.
Mito 15 – Um casamento infeliz é melhor do que um lar desfeito.
Mito 16 – As ambições do marido são mais importantes do que a profissão da mulher.
Mito 17 – Se a(o) esposa(o) quer deixar o marido (a esposa), "faça tudo para impedi-la(o)".
Mito 18 – Um amor que já morreu às vezes pode renascer.
Mito 19 – Competição entre marido e esposa estimula o casamento.
Mito 20 – Você deve transformar seu cônjuge numa pessoa melhor.
Mito 21 – Os opostos se atraem e se completam.
Mito 22 – Os casais não devem revelar seus problemas a estranhos.
Mito 23 – Não faça sexo se estiver com raiva.
Mito 24 – Conforme-se com o que você tem.

Fonte: Lazarus (1992)

A dificuldade de comunicação e resolução de problemas pode estar relacionada a déficit cognitivo, a modelos parentais ineficazes e a psicopatologias, sejam associadas a transtorno mental ou de personalidade. A família tem sofrido profundas transformações nos últimos 50 anos em virtude do crescente número de separações, que promove as famílias monoparentais, os recasamentos e as famílias homoafetivas.

Quando as expectativas são baseadas em informações errôneas ou falsas, elas conduzem a expectativas não realistas, que podem resultar na destruição da satisfação conjugal e contribuir para interações disfuncionais (DATTILIO, 2013). A necessidade de melhorar a relação leva o casal à psicoterapia, e o terapeuta fará uma elaboração de plano de tratamento de forma estruturada.

Estrutura das sessões na Psicoterapia Cognitivo-comportamental com Casais

A sistemática da abordagem individual é a mesma quando acontece para um casal, aqui sendo analisada a dinâmica da relação conjugal. Para Dattilio (2011) os objetivos da terapia de casal em TCC (Terapia Cognitivo-Comportamental), são: 1. Cada membro do casal deve identificar em sua história de vida aspectos importantes que determinaram conjuntos de regras ou valores, escolhas e padrões de comportamentos funcionais e/ou disfuncionais; 2. Identificar sentimentos e emoções envolvidos em comportamentos usualmente emitidos; 3. Identificar padrões de comunicação estabelecidos entre o casal e treinar novas formas; 4. Identificar formas de tomada de decisões e treinar novas formas.

Range (1995) destaca três objetivos principais na terapia cognitiva de casais: 1. a modificação de expectativas irrealistas nos relacionamentos; 2. a correção de atribuições incorretas nas interações dos casais; 3. o uso de procedimentos de autoinstrução para diminuir a interação destrutiva.

As visões de Dattilio e Range coincidem na mudança de padrões cognitivos e comportamentais e proteção da relação, respeitando a decisão de continuarem juntos ou não. Para Beck (1995), os objetivos de um casamento ideal são:

- Lutar por um sólido fundamento de confiança, lealdade, respeito e segurança;

- Cultivar o aspecto amoroso e delicado da relação: sensibilidade, consideração, compreensão e demonstrações de afeto e de carinho;

- Fortalecer a parceria;

- Desenvolver um sentimento de cooperação, de consideração e de entendimento mútuo.

- Muitos casais ingressam em um relacionamento com a crença de que o amor ocorre, espontaneamente, entre duas pessoas e existe dessa maneira para sempre, sem qualquer esforço adicional.

A estrutura e o roteiro das sessões da TCC com casais envolvem o entendimento da história e conceitualização dos problemas do casal; o manejo das emoções; a análise dos comportamentos no relacionamento; ensinar o casal a identificar, testar e responder a pensamentos automáticos principais; ensino de habilidades de comunicação (diálogo); exploração de questões relativas aos sentimentos negativos; ensino de estratégias para a solução de problemas; identificação e mudança nas atitudes disfuncionais e suposições centrais; e prevenção da recaída.

A responsabilidade e o esforço para melhoria são de ambos os cônjuges. Com isso as principais intervenções da terapia cognitivo comportamental com casais são:

- reestruturação cognitiva dos cônjuges, onde o terapeuta ajudaria o casal a identificar pensamentos automáticos, emoções e comportamentos associados, esquemas subjacentes e distorções cognitivas envolvidos na relação e que estariam contribuindo para a desarmonia;

- intervenções nos padrões de comportamento para reduzir o comportamento negativo e aumentar os positivos;

- intervenções nos déficits e excessos de reações emocionais.

Avaliação e expectativas na Terapia Cognitivo-comportamental com Casais e Famílias

Ao procurarem a terapia de casal, é estabelecido o *rapport* e o acolhimento da demanda, seguido dos esclarecimentos sobre aspectos da abordagem e do processo de psicoterapia. Em seguida, é traçado o objetivo que o casal tem com a terapia. O terapeuta diferencia na avaliação a demanda do casal e a demanda individual.

A avaliação em saúde mental envolve quatro dimensões (CID-10 e DSM-5): 1) a cognição sobre a direção dos pensamentos e quanto apresenta crítica de acordo com o senso de realidade; 2) a afetividade sobre como o paciente estabelece vínculo e lida com/expressa as emoções; 3) as relações interpessoais sobre comunicação e delimitações no relacionamento; 4) o controle do impulso, ou seja, sobre como lida com a impulsividade e regulação comportamental. Com os casais e a família, seria uma análise diagnóstica da saúde mental dos membros, tomando por base o manual das doenças, conforme os eixos de classificação, que são: Eixo I: transtornos clínicos ou outras condições que podem ser um foco de atenção clínica, Eixo II: transtornos da personalidade e retardo mental, Eixo III: condições médicas gerais, Eixo IV: problemas psicossociais e ambientais, Eixo V: avaliação global do funcionamento.

A princípio, ocorre uma entrevista conjunta, sobre o início do relacionamento, história conjugal, expectativas frente ao processo terapêutico, modelo do casamento, ciclo de vida familiar e problemas atuais. Ela é seguida por algumas entrevistas individuais para melhor entendimento da demanda do casal a ser cuidada. Nestas um foco deve ser o desenvolvimento de uma conceitualização de como cada cônjuge percebe os problemas no relacionamento: pensamentos automáticos, crenças sobre si mesmo e sobre as mudanças que precisam ocorrer no relacionamento. Depois são realizadas as entrevistas conjuntas para conceitualização do caso e plano de ação; identificação de áreas de problemas; identificação de pensamentos automáticos do casal; identificação de regras mentais que prejudicam a convivência com o outro cônjuge; identidade da família de origem.

Podem ser utilizados instrumentos que auxiliam esse processo de avaliação, por meio de questionários acerca de crenças sobre relacionamento, problemas no relacionamento, estilo de comunicação e problemas na comunicação.

Segundo Dattilio (2011), a avaliação inicial da demanda em terapia cognitivo-comportamental com casais ocorre por meio da identificação das capacidades, potencialidades e características problemáticas do casal; da colocação do atual funcionamento do casal no contexto de seus estágios de desenvolvimento e mudanças; da identificação dos aspectos cognitivos e afetivos da interação do casal que poderiam ser alvo de intervenção.

Caso o terapeuta desconfie de que a distorção de um parceiro esteja vinculada a algum tipo de psicopatologia individual, deve ser avaliada a necessidade de encaminhamento para sessões individuais e para consulta psiquiátrica.

Processos de escolha, construção e manutenção da relação com casais na perspectiva cognitivo-comportamental

No processo de escolha do cônjuge existem fatores pessoais, familiares, culturais e biológicos. Os fatores pessoais e familiares podemos relacionar com os valores e aspectos aprendidos ao longo da vida; os fatores biológicos envolvem o cheiro e as sensações obtidas na interação; e os fatores culturais estão associados a regras sociais de acordo com a época e a região.

As crianças costumam imitar e observar os comportamentos e repetir falas, pela geração de um modelo de aprendizagem que permanecerá ao longo do seu desenvolvimento e que irá influenciar em suas escolhas afetivas.

A atenção seletiva, as atribuições, as expectativas, as suposições e os padrões estão envolvidos na escolha conjugal. As crenças e os esquemas disfuncionais ou mal adaptativos podem influenciar e provocar atração por determinado perfil que reforça de alguma forma a visão que possuem sobre si mesmos, sobre os outros e sobre o futuro. E muitos casais não utilizam critérios claros ou não analisam esses critérios o suficiente para a escolha conjugal, em favor de uma satisfação e adaptação na relação. Pergunto: "diante de tantas pessoas no mundo, por que vocês se escolheram?", e assim refletimos na sessão sobre as exigências de mudança e o entendimento destas.

O respeito, o planejamento e o amor utilizados na construção da relação podem ser o diferencial para sua manutenção. Porém, os ruídos na comunicação e desavenças destrutivas levam duas pessoas que se amam ao sofrimento e à destruição desse sentimento (BARLOW *apud* PICCOLOTO; PICCOLOTO; WAINER, 2007). Com o passar do tempo, há uma intolerância e uma constante defensividade, já que as conversas não são mais agradáveis e passam a ser vistas como inúteis e repletas de revide, já que o outro se torna seu adversário (DATTILIO, 1995; RANGÉ, 1995; KNAPP, 2004).

No processo de construção do relacionamento, deve ser analisado, com o casal, o que as experiências anteriores podem interferir para que a situação problema permaneça para projetar uma melhor fase no futuro. Assim, torna-se importante investigar sobre o que cada um pensa a respeito da relação, sendo uma construção ou uma reconstrução conjugal, se houve divórcio, o que a família pensa sobre a relação com a pessoa escolhida, se é uma reorganização ou redefinição do sistema familiar.

Uma das demandas dos casais na busca pela terapia está relacionada às diferenças entre os cônjuges, como a tentativa de transformar o outro, gerando desarmonia na união e insatisfação (HINTZ, 1998; BARLOW, 1999). Os cônjuges passam a não reconhecer a dedicação do outro, deixando de suprir as novas e diferentes necessidades cotidianas e de reforçar positivamente o comportamento (SALKOVSKIS, 1997). A satisfação conjugal está relacionada à frequência e à troca de reforços, tanto positivos, negativos e/ou punitivos (RANGÉ, 1999). O terapeuta da TCC dirige a sessão para que haja maior tolerância entre o casal e que o casal abandone a luta reconhecendo as diferenças.

No processo de manutenção faz-se necessário entender como ocorre a comunicação e a interação do casal para definir um método ou técnica que facilite esse desenvolvimento de habilidade. Estabelecer um debate sobre o que cada um quer mudar, o que o casal quer mudar e o que o terapeuta acha que deveriam melhorar.

Os elementos necessários para negociação envolvem o diálogo, os argumentos, o ouvir, o ceder e o equilíbrio de cada situação. O treino para um diálogo que tenho aplicado segue os seguintes passos: 1- Descrever a situação (dizer o fato ocorrido trazendo uma situação para discussão de cada vez); 2- Expressar o impacto causado diante da situação e o sentimento envolvido; 3- Colocar as expectativas para ambos ("eu espero que... e você espera..."); 4- Estabelecer o acordo ("a partir de hoje vou mudar esse comportamento..."). A maioria dos conflitos são criados por problemas de comunicação, por isso o treino de habilidades sociais é tão relevante para o casal.

Regulação emocional, genograma vivencial e a terapia sistêmica cognitivo-comportamental com casais e família

Os estudos sobre classificação das emoções primárias são de bem-estar e de desconforto. As emoções de bem-estar são amor, alívio e alegria. E as de desconforto são tristeza, medo, ansiedade, angústia, raiva, culpa e desprezo.

As características da desregulação emocional com casais são: confronto, distanciamento, fuga-esquiva, baixa capacidade de resolução de problemas e conflitos, e reavaliação negativa. E para a regulação emocional com casais é importante desenvolver o autocontrole, busca de apoio social, aceitação da responsabilidade, resolução planejada de problemas e conflitos, e a reavaliação positiva (LEAHY, 2013). Os casais sentem a redução da intensidade da emoção negativa à medida que colocam em prática as estratégias de enfrentamento acordadas nas sessões de tratamento.

O genograma vivencial é uma forma de intervenção utilizada partilhando-se de uma questão formulada pelo indivíduo, pelo casal ou pela família. Definindo o tema que será trabalhado, passa-se à construção do genograma, utilizando-se um quadro branco ou uma folha de tamanho grande que possa ser visualizada por todos os presentes. Essa técnica de intervenção é muito rica e tem um forte impacto sobre os participantes, pois mobiliza vivências carregadas de emoções, como traumas ou perdas que marcaram profundamente os membros da família.

Por meio de perguntas relacionais, intergeracionais e reflexivas, o terapeuta vai buscando elementos para confirmar suas hipóteses e construir suas intervenções. Por exemplo: "Quem da família, na sua idade, se sentiu como você se sente hoje?", "Se seu estômago dolorido pudesse falar, o que ele diria?", "Como você imagina que sua esposa se sente quando o percebe assim triste?". Dessa forma, essas perguntas ajudam a trazer elementos relacionais importantes sobre a conflitiva familiar.

O pensamento sistêmico é um conjunto de três pressupostos contemporâneos: complexidade, instabilidade e intersubjetividade. A perspectiva sistêmica se detém nos processos de comunicação circular, e a terapia cognitivo-comportamental nos ajuda a compreender o processamento interno de cada pessoa, assim como conhecer e regular as emoções ativadas nessas relações. O trabalho integrado da TCC com a sistêmica incrementa o tripé cognição-emoção-comportamento com o conceito de comunicação e relacionamento sistêmico (LOMANDO, 2018). Em vez de nos determos apenas na diminuição do sofrimento, enfatizamos e reforçamos os valores humanos que possam estar influenciando no modelo sistêmico-cognitivo. Nas sessões são aplicados recursos e técnicas para identificação de padrões circulares de sofrimento, e criam-se espirais de saúde.

Pesquisas recentes publicadas sobre terapia cognitivo-comportamental

Entre algumas publicações no período de 2009 a 2017 relacionadas ao manejo da terapia cognitivo-comportamental com casais e famílias foram localizados três estudos por meio do *Google Acadêmico* na internet, no período de setembro e dezembro de 2018. Foram encontrados também sete estudos indicando a terapia comportamental com casais (54%); três estudos indicando a terapia cognitivo-comportamental e transtornos específicos (23%); dois estudos indicando a terapia cognitivo-comportamental com casais e família (15%); e um indicando a terapia cognitiva (8%).

Cardoso (2017) contribuiu com seu estudo sobre habilidade social conjugal (HSC), identificando possíveis pesquisas nessa área. Destacando ênfase na conceituação das HSC, construção de instrumentos específicos para avaliar essas habilidades e satisfação conjugal, filiação religiosa e problemas de comportamentos nos filhos.

Cardoso (2017) também afirma em estudo que a dificuldade em manter relacionamentos de forma saudável e de utilizar estratégias de resolução de conflitos pode ocasionar prejuízos nas relações afetivas entre familiares, cônjuges, parceiros e namorados, que podem estar relacionados à violência contra a mulher perpetrada por parceiro íntimo. Os resultados mostraram que os níveis mais elevados de situações de violência indicados por mulheres foram de natureza psicológica, e o nível de satisfação conjugal é inversamente proporcional às situações de violência por parceiro íntimo. As respostas de autoavaliação das mulheres tiveram um repertório total deficitário de habilidades sociais conjugais, principalmente a "expressividade/empatia", a "autoafirmação assertiva" e a "autocontrole proativo". As dificuldades de expressar sentimentos e pensamentos na relação conjugal e garantir seus direitos à individualidade na relação por meio da empatia são fundamentais para qualidade da relação conjugal.

Fonseca (2016) investiga as relações entre a empatia e a comunicação assertiva, percebidas pelo cônjuge, e a satisfação conjugal.

Existe maior correlação positiva entre a satisfação conjugal e a empatia do que com a comunicação assertiva.

Bolsoni-Silva (2016) refere que o estudo do relacionamento conjugal e a avaliação da efetividade de intervenções com casais podem promover as habilidades de comunicação, afeto e resolução de problemas.

Marques da Silva Dias (2016) refere em estudo comparativo haver melhora mais sensível dos casais atendidos na psicoterapia analítica funcional (FAP) do que na terapia comportamental. Discute-se a ênfase nas estratégias de evocar comportamentos vulneráveis à punição no tratamento de casais. A FAP, proposta por Kohlenberg e Tsai, é considerada a terceira onda da terapia cognitivo-comportamental, baseia-se na consciência, na coragem, no amor e no comportamento. O foco principal da FAP é a relação terapêutica, onde são valorizadas as contingências da sessão e ocorre a modelagem de comportamentos em sessão e o reforçamento natural de comportamentos assertivos apresentados pelo paciente.

Bochi (2016) afirma que o treinamento parental é uma prática que visa a sistematizar o repertório comportamental emitido pelos pais quanto ao manejo do comportamento dos filhos, inserindo-se como estratégia frequentemente utilizada nas questões de relacionamento familiar. Os resultados apontam que a maioria das intervenções cognitivo-comportamentais teve foco nos pais, ou nos pais e crianças.

Dias (2015) destaca aspectos da modelagem com casais. A clínica analítico-comportamental costuma adotar tratamentos de casais frequentemente baseados em protocolos com ênfase no treino de comunicação, no aumento de trocas positivas e, mais recentemente, em técnicas de aceitação.

Com relação à TCC e transtornos específicos, Barreto (2017), em seu estudo sobre função sexual e qualidade de vida, aponta que a terapia cognitivo-comportamental (TCC) é uma abordagem psicoterapêutica que favorece a reestruturação de pensamentos e crenças disfuncionais, inclusive sendo indicada como eficaz no tratamento das disfunções sexuais femininas. Resulta que a qualidade de vida referida pelas pacientes é atribuída à reestruturação cognitiva referente a crenças disfuncionais a respeito de sexo/sexualidade, ao reestabelecimento de um autoconceito adequado e ativação comportamental referente à vida social/lazer, seguindo os princípios e fundamentos da TCC.

Poletto (2015) aponta que a violência intrafamiliar precoce, crônica e recorrente pode levar ao desenvolvimento de transtornos mentais, incluindo o transtorno de estresse pós-traumático (Tept) e o trauma complexo. Os efeitos da exposição à violência intrafamiliar comumente não são limitados à infância e à adolescência, podendo impactar o funcionamento psicológico, social e ocupacional na vida adulta. As intervenções com maior eficácia para esses casos envolvem psicoterapia individual (psicoterapia cognitivo-comportamental) e psicoterapia familiar (sistêmica e cognitivo-comportamental).

Santos (2014) destaca que o transtorno relacionado a substâncias (TRS) é responsável por crescentes prejuízos em diferentes áreas para indivíduos, famílias e comunidades em todo o mundo. Visa a verificar a efetividade da terapia cognitivo-comportamental familiar (TCCF) sobre a mudança de comportamentos de codependência de familiares, motivação para mudança de comportamentos, sintomas de depressão e ansiedade em familiares de indivíduos que apresentam TRS. Para a TCCF a motivação também teve diferença na aplicação antes e após a intervenção. Obteve resultados melhores na diminuição dos sintomas depressivos e de ansiedade e aumento da motivação para mudança de comportamento de codependência dos familiares.

Há duas pesquisas sobre indicação da terapia cognitivo-comportamental com casais e família, sendo uma publicada em 2009, com bastante relevância, porque houve um destaque de instrumentos de avaliação e técnicas cognitivas comportamentais.

Oliveira (2017) analisou a eficácia da TCC para casais em conflito; avaliou os benefícios terapêuticos do nível de satisfação do casal e analisou se a TCC para casais gera mudanças emocionais e comportamentais. Os resultados mostraram que a TCC é indicada e satisfatória para melhorar a relação conjugal e diminuir os conflitos conjugais, aumentando o nível de satisfação do casal e gerando mudanças emocionais e comportamentais.

De acordo com Peçanha (2009), seu estudo tem objetivo de avaliar se essas técnicas promoveriam um aumento na satisfação e no ajustamento conjugal. Foram aplicadas as Escalas de Satisfação Conjugal e Escala de Ajustamento Diádico, entre outras, antes e após o tratamento. Todos os membros dos três casais apresentaram melhorias nos níveis de satisfação e ajustamento conjugal após o tratamento. A investigação teve foco no efeito de técnicas cognitivas e comportamentais com casais no Brasil.

De acordo com Durães (2016), seu estudo visa a identificar distorções cognitivas em casais, intervir com a terapia cognitivo-comportamental e aumentar os níveis de satisfação conjugal. Os resultados mostraram que as distorções cognitivas mais frequentes foram a leitura de pensamento e de hipergeneralização. A intervenção cognitivo-comportamental mostrou significância na melhora dos níveis de satisfação conjugal, depressão, ansiedade, habilidades sociais conjugais e pensamentos automáticos em comparação com o antes e depois da intervenção.

Considerações

Diante da contribuição de tantos estudos sobre aplicação da abordagem cognitivo-comportamental com casais, sexualidade e família, enfatizo os efeitos e os resultados de diversos profissionais da psicologia que se dedicam à promoção da saúde em casais e famílias.

Gostaria de destacar livros e textos que podem ser utilizados como psicoeducação e orientação nas sessões com casais, publicados pela psicóloga Cris Manfro, terapeuta de casal e família, que são *Escrito para você: a dinâmica dos relacionamentos, Encontros e desencontros* e *Guarda compartilhada como uma resposta eficaz à alienação parental: uma visão multidisciplinar.*

E a criação de dois instrumentos: o Baralho de Psicoeducação em Esquemas, e o Baralho dos Modos Esquemáticos, baseado na terapia de esquemas, com finalidade de psicoeducar e facilitar o automonitoramento de comportamentos e padrões desadaptativos dos pacientes, elaborado pelas psicólogas Adriana Lenzi Maia e Jaqueline Leão.

Os cursos de formação em terapia cognitivo-comportamental são direcionados aos aspectos teóricos e práticos, sendo procurados geralmente por profissionais que têm grande interesse em utilizar o conhecimento na sua prática clínica, seja no consultório, seja em alguma instituição de saúde.

Quadro 3 - Cursos de Formação em Terapia Cognitivo Comportamental em Recife-PE

Recife
• Curso de formação em Terapia Cognitivo-Comportamental com Casais, Sexualidade e Família (Supere Psicologia), com 140 horas, em 10-12 meses. Site: www.superepsicologia.com.br.
• Curso de formação em Terapia Cognitivo-Comportamental e Transtornos Graves da Personalidade (Supere Psicologia), com 140 horas, em 10 meses. Site: www.superepsicologia.com.br.
• Curso de formação e capacitação em Psicoterapia Cognitiva (Psicocenter), com 280 horas, em 14 meses. Site: www.beneriadonato.com.br.

Fonte: o autor

Os cursos de especialização (lato sensu) presenciais são reconhecidos pelo MEC, possuem maior duração e necessidade de apresentação de trabalho científico, sendo procurados por profissionais com interesse pela titulação como especialista. Existem os cursos de conhecimento geral e específico da abordagem, e podem ser encontrados nas principais instituições de ensino superior, como:

Quadro 4 - Cursos de Especialização em Terapia Cognitivo Comportamental em Recife-PE

Recife
• Faculdade de Ciências Humanas (Esuda) – especialização em Terapia Cognitivo-Comportamental, com 360 horas, em 18 meses, com trabalho científico. Site: www.esuda.com.br
• Faculdade Frassinetti do Recife (Fafire) – especialização em Terapia Cognitivo-Comportamental, com 364 horas, em 16 meses. Site: www.fafire.br
• Faculdade Mario Quintana & InTCC Ensino, Pesquisa e Atendimento Individual e Familiar – especialização em Terapia Cognitivo-Comportamental na Infância e na Adolescência, com 400 horas, em 24 meses. Site: www.intcc.com.br
Olinda/PE:
• Faculdade de Ciências Humanas de Olinda (Facho) – especialização em Terapia Cognitivo-Comportamental, com 360 horas, em 21 meses. Site: www.facho.br
Vitória de Santo Antão/PE:
• Faculdades Integradas da Vitória de Santo Antão (Faintvisa) – especialização em Terapia Cognitivo-Comportamental, com 360 horas, em 12 meses. Site: www.portal.faintvisa.edu.br

Fonte: o autor

    O terapeuta aspirante ou profissional interessado na abordagem precisa desenvolver habilidades da prática clínica cognitivo-comportamental, sendo importante a supervisão e estudos de casos em grupos.

    Recomendo metodologias da aprendizagem baseada em problemas (método de aprendizagem em que os estudantes se deparam inicialmente com um problema, o qual é sucedido por uma investigação em um processo de aprendizagem centrada no estudante)

e aprendizagem mediada (método de desenvolvimento de modificabilidade estrutural cognitiva por meio de critérios de mediação que possibilita a flexibilização para mudança – Reuven Feuerstein), que tornam o ambiente propício e ético para o desenvolvimento profissional, como simulações laboratoriais e observação da prática em sala de espelho.

O futuro da terapia cognitivo-comportamental com casais e famílias segue na direção da integração de suas múltiplas perspectivas associadas ao pensamento sistêmico, intervenções cognitivas e principalmente comportamentais, terapia de aceitação e compromisso (ACT) e psicologia positiva (CORDIOLI, 2019).

Referências

BARLOW, D. H. *Manual clínico dos transtornos psicológicos*. Porto Alegre: Artmed, 1999.

BARRETO, Ana Paula Pitiá. *As repercussões da psicoterapia cognitivo-comportamental na função sexual e qualidade de vida de mulheres com disfunção sexual*: uma análise qualitativa. Dissertação (Mestrado) (PGMSH), 2017.

BECK, Aaron T. *Para Além do Amor*: como os casais podem superar os desentendimentos, resolver os conflitos e encontrar uma solução para os problemas de relacionamento através da terapia cognitiva. Rio de Janeiro: Record, 1995.

BECK, A. T. *Terapia Cognitiva da Depressão*. Porto Alegre: Artmed, 1997.

BOCHI, Ariane; FRIEDRICH, Daiana; PACHECO, Janaína Thais Barbosa. Revisão sistemática de estudos sobre programas de treinamento parental. *Temas em Psicologia*, v. 24, n. 2, p. 549-563, 2016.

BOLSONI-SILVA, Alessandra Turini; NOGUEIRA, Sária Cristina; CARVALHO, Larissa Helena Zani Santos de. Efeitos de uma Intervenção Analítico-comportamental com Casal de Namorados. *Interação em Psicologia*, v. 18, n. 3, 2016.

CARDOSO, Bruno Luiz Avelino. *Habilidades sociais e satisfação conjugal de mulheres em situação de violência perpetrada por parceiro íntimo*. Dissertação (Mestrado) – Programa de Pós-Graduação em Psicologia, Universidade Federal do Maranhão, 2017.

CARDOSO, Bruno Luiz Avelino; DEL PRETTE, Zilda Aparecida Pereira. Habilidades sociais conjugais: uma revisão da literatura brasileira. *Revista Brasileira de Terapia Comportamental e Cognitiva*, v. 19, n. 2, 2017.

CORDIOLI, Aristides Volpato; GREVET, Eugenio Horacio (org.). Psicoterapias: abordagens atuais. *In:* PRADO, Luiz Carlos; ZANONATO, Adriana. *Terapias de famílias e casais*. Porto Alegre: Artmed, 2019. cap. 19, p. 298-317.

DATTILIO, Frank M. *Terapia cognitiva com casais*. Porto Alegre: Artes Médicas, 1995.

DATTILIO, Frank M. *Manual de Terapia Cognitivo Comportamental para casais e famílias*. São Paulo: Artmed, 2011.

DATTILIO, F. M.; PADESKY, C. A. *Terapia Cognitiva com casais*. Porto Alegre: Artes médicas, 1995.

DIAS, Antoniela Yara Marques da Silva. *Efeitos da modelagem e da modelação do comportamento vulnerável à punição com um casal em terapia analítico-comportamental*. Dissertação (Mestrado em Psicologia). Universidade Federal do Paraná, 2015.

DIAS, Antoniela Yara Marques da Silva; SILVEIRA, Jocelaine Martins da. Comparação de duas intervenções no tratamento de um casal: O treino do comportamento vulnerável à punição. *Acta Comportamentalia*: Revista Latina de Análisis de Comportamiento, v. 24, n. 1, 2016.

DURÃES, Ricardo Silva dos Santos. *Identificação de Distorções Cognitivas em Casais e Intervenção Cognitivo-Comportamental*. Dissertação (Mestrado). Programa de Pós-Graduação em Psicologia da Saude, Universidade Metodista de São Paulo, 2016.

FONSECA, Tannus; COELI, Regina; CARVALHO, Ana Lúcia Novais. O Papel da Empatia e da Comunicação Assertiva na Satisfação Conjugal em Casamentos de Longa Duração. *Polêmica*, v. 16, n. 2, 2016.

GOTTMAN, J. *Casamentos*: por que alguns dão certo e outros não. Rio de Janeiro: Objetiva, 1998.

HINTZ, Helena Centeno. Dinâmica da interação do casal. *Pensando Famílias*, v. 1, n. 1, p. 31-40, 1999.

KNAPP, P. *Terapia cognitivo comportamental na prática clínica psiquiátrica*. Porto Alegre: Artmed, 2004.

LEAHY, Robert L. *Técnicas de terapia cognitiva*: manual do terapeuta. Porto Alegre: Artmed, 2006.

LEAHY, Robert L. *Regulação emocional em psicoterapia*: um guia para o terapeuta cognitivo comportamental. Porto Alegre: Artmed, 2013.

LEÃO, Jacqueline N. F. *Baralho de modos esquemáticos*. Maceió: INSERE, 2018.

LEÃO, Jacqueline N. F. e MAIA, Adriana Mussi Lenzi. *Psicoeducação em Esquemas*: compreendendo os domínios de esquemas e os esquemas iniciais desadaptativos. Maceió: INSERE, 2017.

LOMANDO, Eduardo; SIGARAN, Claudia. *Terapia dos Movimentos Sistêmicos*. Porto Alegre: Arte em Livros, 2018.

MANFRO, Cris, DIETER, Cristina. *A Guarda Compartilhada como uma resposta eficaz a alienação parental*: uma visão multidisciplinar. Belo Horizonte: Artesã, 2018.

MANFRO, Cris. *Encontros & desencontros*. Novo Hamburgo: Sinopsys, 2016.

MANFRO, Cris. *Escrito pra você*. Porto Alegre: Alcance, 2018.

OLIVEIRA, Analucy Aury Vieira de *et al*. Terapia cognitivo-comportamental em conflitos conjugais. *Revista de Trabalhos Acadêmicos-Universo*, Goiânia, 2017.

PEÇANHA, Raphael Fischer. *Técnicas cognitivas e comportamentais na terapia de casal*: Uma intervenção baseada em evidências. Tese (Doutorado em Psicologia) – Instituto de Psicologia, Universidade Federal do Rio de Janeiro, Rio de Janeiro, 2009.

PICCOLOTO, Luciane; PICCOLOTO, Neri Maurício; WAINER, Ricardo (org.). *Tópicos Especiais em terapia cognitivo comportamental*: O desafio da escolha e a arte de conviver, algumas considerações sobre terapia cognitivo comportamental com casais. São Paulo: Casa do Psicólogo, 2007. p. 259-290.

POLETTO, Mariana Pasquali *et al*. Uso da técnica da linha de vida em terapia familiar sistêmica cognitivo-comportamental. *Revista Brasileira de Terapia Comportamental e Cognitiva*, v. 17, n. 1, 2015.

PRADO, L. C. *As múltiplas faces da infidelidade conjugal*. Porto Alegre: Arte em Livros, 2012.

RANGÉ, B. (org.). *Psicoterapia comportamental e cognitiva*: pesquisa, prática, aplicações e problemas. São Paulo: Workshopsy, 1995.

SALKOVSKIS, Paul M. *Terapia cognitivo comportamental para problemas psiquiátricos*: um guia prático. São Paulo: Martins Fontes, 1997.

SANTOS, Leandro Alencastro. *Terapia cognitivo-comportamental familiar por meio de grupos multifamiliares no tratamento para o transtorno relacionado a substâncias*. Dissertação de Pós-Graduação em Ciências da Saúde da Fundação Universidade Federal de Ciências da Saúde. Porto Alegre. FUCSPA. Diss, 2014, p. 4.

6

O USO DO EMDR NO TRABALHO COM CASAIS E FAMÍLIAS

Adineide Nolasco Andrade Dias

A psicoterapia com casais e famílias tem sido mais uma área de atuação para o profissional de saúde mental. A abordagem *Eye Movement Desensibilization and Reprocessing* (EMDR) tem se mostrado um instrumento eficaz nesse processo, uma vez que, identificado o Evento-Chave, ajuda o paciente, por meio dos movimentos bilaterais do cérebro, a reprocessar e dessensibilizar as suas experiências traumáticas vividas ao longo de sua vida.

Introdução

Ao longo da história da psicoterapia, foi surgindo a necessidade de uma intervenção maior, não só com o indivíduo no modelo bipessoal, mas também um olhar mais particularizado no sistema chamado "família", bem como nos subsistemas casal, pais e filhos e irmãos. E, com isso, as diversas abordagens e formas de fazer psicoterapia foram, dentro de seus arcabouços teóricos e práticos, buscando atender a esse público que procura ajuda quando as relações – no contexto de que estamos aqui tratando, familiares – estão adoecidas.

Com a abordagem chamada EMDR não haveria de ser diferente.

Mas o que é EMDR?

É a sigla em inglês para *Eye Movement Desensibilization and Reprocessing*. O **E** significa olhos; o **M**, movimento; o **D**, dessensibilização; e o **R**, reprocessamento. Em português ficou assim: reprocessar e dessensibilizar as experiências emocionais, traumáticas e dolorosas do paciente, por meio da estimulação bilateral do cérebro, que, a princípio, foi feita por meio do movimento ocular – por isso a palavra *olhos* na sigla –; e depois surgiram outras formas de conduzir o paciente no reprocessamento, mas sempre fazendo uso da estimulação bilateral do cérebro.

Como essa história surgiu? Em 1988, a Dr.ª Francine Shapiro (2001), uma psicóloga norte-americana, caminhando em um parque dos Estados Unidos e pensando nas questões da própria vida, conta que, automaticamente, começou a olhar de um ponto a outro da paisagem. E, ao fazer isso, ela percebeu que os pensamentos começaram a vir numa velocidade muito, muito rápida; a perturbação que ela sentia foi se dissipando e ela foi ficando bem. A partir dessa experiência, resolveu estudar o que lhe tinha acontecido.

Dito isso, gostaria de chamar a atenção para alguns detalhes de fatos que são do conhecimento de muitos:

– De uma forma convencional, acreditamos que, em uma sessão de hipnose, o hipnotizador faz uso de um pêndulo e, movimentando-o, pede ao paciente para que siga o objeto com os olhos. Ao fazer isso, o indivíduo entra num estado de transe, sofre uma perda de consciência (parcial ou total), narra os detalhes de uma cena traumática a que assistiu – um crime, por exemplo –, mas, conscientemente, está bloqueado e não consegue se lembrar do fato. Conta todos os detalhes dessa cena traumática, é des-hipnotizado (seguindo o pêndulo com os olhos), recobra a consciência, mas não se lembra muito do que aconteceu naquele lugar.

– Quando uma pessoa dorme e sonha, o seu globo ocular se movimenta debaixo da pálpebra – o conhecido sono REM. Se alguém estiver dormindo e a "bolinha" do olho estiver se mexendo debaixo da pálpebra, essa pessoa está sonhando.

– Freud já dizia, há mais de cem anos, que, quando a pessoa dorme e sonha, todo aquele conteúdo dos sonhos – gente morrendo, água, cobra, confusão e coisas boas também – é um material que vem do nosso inconsciente. E o que é o nosso inconsciente? Vamos compará-lo com aquelas casas antigas que têm sótão ou porão: o sujeito pega tudo aquilo que lhe aconteceu ao longo da vida e coloca lá. Ao dormir, faz os movimentos oculares involuntariamente, a censura se abre e aquele conteúdo vem "voando" para a sala de visita, que é a consciência.

Diante disso, surge o questionamento: o que será que acontece se o paciente chegar ao consultório para uma sessão de psicoterapia e – consciente, não hipnotizado e muito menos em transe, acordado, não dormindo, e muito menos sonhando, e em pleno controle do processo – mexer os olhos em movimentos bilaterais?

E, depois de muitas aplicações, surgiu o EMDR, que hoje já existe em todos os continentes do planeta, reconhecido pela comunidade científica norte-americana como uma terapia de evidência de resultados e amplamente divulgada no Brasil, onde chegou em agosto de 2004, trazido pela Dr.ª Esly Carvalho, que fez a sua formação com a própria Dr.ª Francine Shapiro, lá nos Estados Unidos.

Todos nós temos ou tivemos traumas – grandes ou pequenos. Um exemplo de trauma pequeno seria aquele grito que a professora direcionou à aluna, um dia na escola, quando aos oito anos, ao recitar a poesia no Dia das Mães, ela errou o final e levou a maior bronca; de trauma grande, aquele abuso sexual cometido pelo próprio pai, quando a menina, aos oito anos, entrou no quarto dele, depois do almoço e aconteceu. Grandes ou pequenos, os traumas ficam armazenados em um lugar chamado "zona de memória", devidamente protegidos pela:

– IMAGEM nítida da cena traumática: aquela menina da poesia se lembra até da cor do vestido que ela usava naquele dia, era branco de bolinhas vermelhas; a menina do abuso sexual se lembra até da arrumação do quarto do pai quando entrou lá naquele dia.

– CRENÇA NEGATIVA a seu respeito: "Como eu fui burra! Como é que eu fui errar aquela poesia naquele dia naquela hora! Que meninazinha burra eu fui!" E a do abuso: "A culpa é minha! Quem mandou eu entrar naquele quarto naquele dia, naquela hora? Se eu não tivesse entrado, nada daquilo teria acontecido!", "Eu sou burra!", "Eu sou culpada!".

– EMOÇÕES sentidas na hora: vergonha, humilhação, nojo, impotência!

– E SENSAÇÃO FÍSICA ao descrever tais fatos: choro, frio na barriga, coração acelerado, respiração curta, mãos suando, pernas trêmulas... Tais sensações surgem toda vez que a adulta, que um dia foi uma dessas crianças, pensa nisso ou vive algo parecido com isso no âmbito dos sentimentos.

O que o EMDR faz? Ajuda a adulta, que hoje está em terapia, que um dia foi uma daquelas crianças, por meio da estimulação bilateral do cérebro, seguindo um Protocolo Clássico, a reprocessar aquela cena. O terapeuta inicia o reprocessamento, e a certa altura as crenças positivas substituem as negativas. E quando mudam as crenças de negativas para positivas muda tudo! A emoção agora é outra: a paciente começa a ter orgulho daquela criança. A do abuso sexual, por exemplo, pode se questionar: "Como foi que eu passei a vida toda sem contar aquela história pra ninguém?" E a sensação física agora também é outra: já não sente mais o frio na barriga, o coração já não mais está acelerado, mãos já não suam mais.

Tudo isso acontece porque, até então, havia uma ferida que sangrava toda vez que a adulta falava, lembrava ou vivia algo parecido com aquilo que aconteceu no passado. Reprocessa, dessensibiliza, e a ferida não dói mais. A paciente não vai ter amnésia, e sempre se lembrará do que aconteceu. Só que não dói mais. Cicatrizou! E mais importante do que isso: aquela menina da poesia cresceu, resolveu fazer Enfermagem, resolveu fazer mestrado, mas algo a impedia de enfrentar a banca examinadora para defender a tese. Porque uma voz, que vinha do seu mundo interno, fazia-a sentir-se assim: "Você vai de novo encarar uma situação dessa? Lembra aquele dia..?" Lógico que na maioria das vezes isso não é assim tão consciente. A pessoa só sente e não consegue ir. Reprocessa e dessensibiliza a situação traumática conseguindo assim enfrentar a banca de mestrado e defender a sua tese.

A adulta que, quando criança, sofreu o abuso pode até ser casada com um homem maravilhoso em todos os aspectos. Mas a vida sexual não é boa. Porque a tal voz do mundo interno a faz sentir-se assim: "Você vai permitir que um homem te toque de novo? Lembra como era ruim quando teu pai fazia aquilo? Agora você pode dizer não!" Reprocessa aquela cena, dessensibiliza, e ela consegue ter uma vida sexual saudável.

No filme *Divertida mente* (Disney e Pixar, dirigido por Pete Docter), existe uma cena onde tudo o que aconteceu na vida da menina-personagem principal é jogado no depósito/abismo das memórias. As cenas traumáticas que aconteceram nas vidas dos nossos pacientes congelam e não vão para esse "depósito". Ficam no "meio do caminho" e se presentificam quando algo parecido com aquilo acontece de novo, não importa quantos anos se passaram! Reprocesssam, dessensibilizam, por meio da estimulação bilateral do cérebro, e a imagem congelada pelo trauma vai para o "depósito das memórias", trazendo-lhes a cura.

Cukier (1998, p. 37) nos diz o seguinte:

> O drama da criança ferida que muitos de nós mantêm dentro de si fala de um momento na vida no qual nosso narcisismo foi fragilizado e nosso psiquismo se mobilizou, então, com toda a sua espontaneidade, para reparar o dano cometido. Criamos um antibiótico específico para o mal que nos acometia e o conservamos, feito pedra preciosa, pensando em usá-lo cada vez que outra ameaça à nossa autoestima aparecesse pelo caminho.
>
> Só que o antibiótico perdeu sua validade e alguém precisa convencer nossa criança machucada de que

esse seu remédio está velho e que ela tem de jogá-lo fora. Na realidade, ela já sabe disso, e por essa razão buscou a terapia, só que não conhece ou não sabe utilizar outros remédios, então usa o velho mesmo.

E com famílias e casais, como funciona?

Quando o casal chega, o terapeuta de EMDR, na Fase 1 do Protocolo Clássico, toma toda a história com uma escuta EMDRista, ou seja, em busca do Evento-Chave (nascedouro dos traumas – pequenos ou grandes adquiridos ao longo da vida, mas principalmente na infância ou até mesmo na concepção ou durante o parto – os chamados de traumas precoces –, e inclusive esses traumas podem estar antes da concepção – os chamados traumas transgeracionais). Isso é feito geralmente em três sessões: uma com cada um dos cônjuges, e outra com os dois juntos.

É importante, já no início do processo, alertar o casal para o compromisso com a terapia e com as mudanças necessárias que cada um precisa fazer para que obtenham o êxito esperado. Lembrando que o processo terapêutico também se propõe a ajudar o casal a se separar, caso seja essa a opção do casal, da forma menos traumática possível, especialmente quando existem filhos.

Iniciamos o Projeto Diagnóstico quando utilizamos algumas técnicas do psicodrama, tais como a técnica da escultura (BARBERÁ; KNAPPE, 1999), onde o casal é convidado a rever sua história passada, observar como está a relação conjugal no presente momento e buscar uma projeção para o futuro. Nesse momento, no palco do psicodrama, não privilegiamos o verbal.

Feito isso, o EMDR é apresentado ao casal por meio de uma analogia:

> Quando nos casamos, trazemos na bagagem, além do enxoval e objetos pessoais, farpas e espinhos (Carvalho, 2011) cravados no coração, adquiridos ao longo da nossa história de vida. E, quando vamos nos abraçar, essas farpas nos machucam

um ao outro. Através da estimulação bilateral do cérebro, que é possível acontecer fazendo uso de uma abordagem maravilhosa chamada EMDR, vocês podem identificar que traumas são esses, onde e quando eles surgiram na vida de vocês, retirá-los do coração através do reprocessamento e ficarem livres e ficarem bem! E pararem de se machucar... (CARVALHO, 2011)

E aí começamos com as sessões de EMDR individuais, ou um presente na sessão do outro, para trabalharmos os Alvos, que são as queixas atuais, e os Eventos-Chaves, que são o nascedouro dessas farpas!

A Dr.ª Esly Carvalho (2011, p. 19), falando da Galera que mora dentro de nós, diz que:

> *As feridas da Galera Interna podem machucar a Galera Externa – os traumas são como farpas no coração de cada um. As farpas de uma pessoa machucam outras pessoas. Cada vez que nos aproximamos de outras pessoas as nossas farpas podem machucá-las (e as farpas dos outros também nos machucam!). Já tentou abraçar um porco-espinho? Pois é, tem gente com a Galera toda espetada de farpas, e quando tentamos nos abraçar nos machucamos mais do que nos amamos...*

Quando um dos três participantes do processo (terapeuta e membros do casal) sentirem necessidade de uma sessão com os três – para se ouvirem, para avaliarmos, para verem se ainda existe alguma farpa escondida, essa sessão é convocada.

Com FAMÍLIAS, o processo é bem parecido. Juntamos todos os membros do sistema familiar, usamos técnicas do psicodrama, e aparecem muitas farpas individuais! E aí encaminhamos um ou mais de um dos membros para colegas EMDRistas. Na prática é mais difícil, até pela particularidade financeira. Mas é possível fazermos os arranjos: cada um vem uma semana (sessões quinzenais), escolhe-se por quem começar, e o outro espera um pouco, negociamos o preço... Sempre encontramos uma saída! Quando eles realmente querem cuidar desse paciente, que é o Vínculo Conjugal ou a Relação Familiar.

Conclusão

Enfim, o que é EMDR?

Todos hão de concordar que vivemos o século das doenças da alma, que provocam depressão, ansiedade, pânico, desamparo, abandono, negligência, suicídios (segundo a Organização Mundial de Saúde, a cada 40 segundos uma pessoa se mata no mundo!), Rivotril, Diapezam, Lexotan! E o EMDR, com sua particularidade, que é o reprocessamento dos traumas por meio da estimulação bilateral do cérebro, surge com uma proposta inovadora e inédita para o homem do século XXI – a cura de suas dores psíquicas.

Jacob Levy Moreno (1997), o pai do Psicodrama, tinha um sonho que se tornou conhecido como a utopia moreniana – que todas as pessoas do planeta tivessem relações saudáveis, porque, segundo ele, o que nos adoece são as nossas relações adoecidas. As farpas!

Indivíduos, casais ou famílias, após submeterem-se a um processo psicoterapêutico, por meio da abordagem chamada EMDR, é possível sim que tenham relações mais saudáveis. As pessoas se tornam melhores esposas ou esposos, melhores mães ou pais, melhores filhas ou filhos. Perfeitos? Não! Porque isso não é saúde! Melhores e com relações melhores!

Aí, ousamos dizer que, finalmente, podemos fazer cumprir não a utopia, mas o sonho moreniano.

Referências

BARBERÁ, Elisa López; KNAPPE, Pablo Población. *A escultura na psicoterapia*. São Paulo: Ágora, 1999.

CARVALHO, Esly Regina Souza de. *Curando a galera que mora lá dentro*. São Paulo: Reino, 2011.

CUKIER, Rosa. *Sobrevivência emocional*. São Paulo: Ágora, 1998.

FREUD, Sigmund. A interpretação dos sonhos. *In*: FREUD, Sigmund. *Edições Satandard Brasileira das Obras Psicológicas Completas de Sigmund Freud*. Rio de Janeiro: Imago, 1970. v. V.

MORENO, J. L. *Psicodrama*. São Paulo: Cultrix, 1997.

SHAPIRO, Francine. *Eye Movement Dessensitization and Reprocessing – EMDR*. Nova Temática: São Paulo, 2001.

ORGANIZAÇÃO MUNDIAL DE SAÚDE (OMS). *Relatório da OMS – Organização Mundial de Saúde*. Disponível em: https://apps.who.int/iris/bitstream/handle. Acesso em: 21 ago. 2019.

SHAPIRO, Francine. *Eye Movement Dessensitization and Reprocessing – EMDR*. Nova Temática: São Paulo, 2001.

7

TERAPIA DE CASAL E FAMÍLIA: UMA VISÃO COM BASE NO PSICODRAMA

Patrícia Freire Campos

No princípio, Eu estava só.
Então Eu criei a Minha solidão.
E quando Me tornei dois,
Eu criei a Minha dualidade.
E quando Me tornei três ou mais,
passei a criar com todos os Meus companheiros.
(Jacob Levy Moreno)

O Psicodrama pode ser definido como uma metodologia de investigação nas relações interpessoais, nos grupos, entre grupos ou mesmo no relacionamento de uma pessoa consigo mesma, por meio da AÇÃO. Antes de discorrer sobre o tema, faz-se mister contextualizar brevemente a vida e obra de Jacob Levy Moreno, pai do psicodrama e precursor da psicoterapia de grupo.

Breve retrospectiva

Jacob Levy Moreno (1889-1974) nasceu em Bucareste e viveu o início de sua vida profissional em Viena. No início do século passado, após conclusão do curso de Medicina, desempenhou seus primeiros trabalhos como médico generalista atendendo a famílias numa pequena cidade chamada Bad Voslau. Nessa ocasião, já visitava as famílias e, *in locu*, tentava solucionar seus problemas por meio da dramatização de seus conflitos. De acordo com Marineau (1992), Moreno deu o nome a essa intervenção de "teatro recíproco", sendo esta muito semelhante às teorias sistêmicas e pode ser considerada uma das precursoras da Terapia Familiar e da Terapia Comunitária.

Entre 1921 e 1923, trabalhando já em Viena com o teatro da espontaneidade, Moreno descobriu o valor verdadeiramente terapêutico da dramatização de um conflito no palco. Dá-se início ao teatro terapêutico considerado o berço do Psicodrama, com o caso de um casal, Barbara e George.

Na descrição da terapia desse casal, já se percebem alguns dos princípios básicos do atendimento a casais, com base numa ótica mais moderna: a análise do relacionamento conjugal e dos conflitos em si, a importância das famílias de origem de cada cônjuge, o desenvolvimento de interesses comuns e de projetos futuros, assim como as transferências de cada parceiro depositadas na relação.

Moreno emigrou para os Estados Unidos no final dos anos de 1920 e foi o criador da sociometria – ciência da ação –, substrato teórico do **psicodrama**. Também é reconhecido como um dos precursores da psicoterapia de grupo. Com a publicação do livro *Who shall survive?*, em 1934, ele reuniu e sistematizou os resultados de suas pesquisas em sociometria. O psicodrama como se pratica hoje, enquanto método de intervenção no intrapsíquico, é na verdade uma criação posterior (década de 1950), tendo seu berço no teatro de sua clínica em Beacon, Nova York.

A utilização de métodos de ação, a leitura sociométrica das relações, a mudança do enfoque individual para o grupal e a busca dos aspectos saudáveis dos indivíduos fizeram de Moreno pioneiro numa época onde a saúde mental era focada na patologia. Em 1937, fundou uma revista chamada *Sociometry, a Journal of Interpersonal Relations*, onde introduziu pela primeira vez o termo relações interpessoais. Definiu a sociometria como a ciência das relações interpessoais, onde o "metrum" é só um aspecto, tendo sua origem no teste sociométrico.

Após emigração para os Estados Unidos, seu trabalho com grupos passou a ser mais aceito, e, em 1932, foi oficializado o termo "psicoterapia de grupo" para designar o tratamento de grupos concretos dos quais ele distingue o "grupo natural" (como a família) do grupo sintético (grupo de pacientes num hospital ou num consultório) (MORENO, 1974).

Em 1940 descreveu algumas de suas técnicas desenvolvidas em sua abordagem relacional, com a especificidade de serem usadas no tratamento conjugal. Nessa época, Moreno poderia ser considerado um terapeuta de orientação claramente sistêmica. Em 1946, cunhou o termo **sociodrama**, conceito que define o tratamento de um grupo com foco no vínculo entre seus membros. O movimento psicodramático no Brasil foi alavancado após 1970, com o congresso no Masp. Entre os terapeutas familiares com orientação sociodramática, são bem conhecidas as contribuições de Moreno no campo da Terapia Familiar e de Casal, assim como sua perspectiva claramente sistêmica inovadora, como o reconhece Maria Amalia Vitale.

> Moreno antecipa-se aos terapeutas sistêmicos ao centrar sua atenção nas inter-relações das pessoas que compõem o grupo; suas ideias sinalizam a mudança do locus da terapia. A família passa a ser tratada como uma combinação entre pais e filhos, entre marido e mulher (VITALE, 1994, p. 10).

Hoje, a Federação Brasileira de Psicodrama (Febrap) congrega federadas em todo o país. Estas seguem as diretrizes básicas do ensino e da prática do Psicodrama, tendo formação continuada de seus didatas e supervisores. A formação em psicodrama segue três níveis: a) Nível 1, psicodramatista, habilitado para exercer as funções do título. Dando prosseguimento à carreira, temos b) Nível 2, psicodramatista didata, habilitado a dar aulas em cursos de formação; e c) Nível 3, psicodramatista didata supervisor. A formação ainda se divide em dois focos: *psicoterápico*, em que tratamos das intervenções no intrapsíquico, necessitando que o profissional seja formado em psicologia ou medicina; e o *socioeducacional*, no qual tratamos das intervenções nas relações interpessoais. Neste último, situa-se a Terapia de Família e Casal, estando habilitado para cursar tal formação qualquer profissional com nível superior.

Aplicações dos conceitos morenianos à terapia de casal e família

Moreno concebeu o homem com base em uma célula mínima – o vínculo. Considerou a noção de campo, onde o observador é parte ativa, e não passiva e excluível, do observado. Para compreender esse homem, sempre leva em conta os aspectos intrapsíquicos, seu EU, porém considera que, para apreender esse Eu, precisa observar o indivíduo em relação, por meio do jogo de papéis (além da sociometria, a teoria dos papéis e a teoria da espontaneidade são os pilares do psicodrama), ou seja, observa e reflete sobre os aspectos das relações interpessoais do indivíduo. Esse jogo de papéis se dá por meio dos vínculos, que podem ser simétricos (casal) ou assimétricos (pais e filhos) – neste último as regras do jogo não são, por definição, as mesmas para ambos.

De acordo com Bustos (1990), quando Moreno enunciou: "**O primeiro é o grupo**", convida-nos a conceber o homem como uma unidade indivisível de seu ambiente. O homem seguiria um padrão de amadurecimento na sua capacidade e na sua forma de se vincular. Iniciaria isolado (*isolamento orgânico, caótico indiferenciado: em duas ocasiões: primeiramente, como a fusão mãe-bebê, ou posteriormente, equivalente à psicose*). Segue-se então a vinculação de díade (casal) – depois aparecem as cadeias; na sequência surgem o triângulo e, por fim, o círculo. Essas figuras geométricas são a representação usada para esses vínculos. A família seria então a placenta onde se desenvolve a matriz de identidade do indivíduo.

Hoje, denominamos a ciência criada por Moreno de Socionomia, dividida em três ramos: a) *sociodinâmica*, onde estudamos as leis que regem o funcionamento dos grupos (leis sociodinâmicas e sociogenéticas); b) *sociometria*, que estuda a estrutura vincular dos grupos; c) *sociatria*, onde se encontram os métodos de intervenção, a saber, psicodrama, sociodrama, jogos dramáticos, treino de papéis, entre outros. Entretanto tornou-se usual usar o termo psicodrama para referir-se ao conjunto da obra. Sendo assim, na abordagem psicodramática, o trabalho com grupos familiares, guardando-se as especificidades da leitura da história familiar, não se diferencia muito do trabalho com os demais grupos. Isso do ponto de vista do manejo técnico, já que a família encontra-se na categoria de grupo natural (COSTA, 1993).

Trabalhando com famílias, pode-se escolher privilegiar um dos três pilares primariamente. Porém os três estão sempre interligados, como faces de um só diamante, onde vemos o brilho daquela face para onde direcionamos mais luz. São eles: foco na espontaneidade, foco na teoria dos papéis ou foco na sociometria.

Quando escolhemos o foco na espontaneidade, lançaremos mão do teatro espontâneo, do *role play* (jogo de papéis) ou do treino da espontaneidade, com o objetivo do treino de novas respostas a situações antigas ou respostas adequadas a situações novas. Ou ainda o treino de papéis para a aquisição de novas habilidades. Porém qualquer técnica utilizada nesses métodos deve ser escolhida levando-se em conta as leituras sociométrica e sociodinâmica da família.

No caso de optarmos pelo trabalho com o foco na teoria dos papéis, consideramos que os papéis são a parte tangível do EU, desenvolvem-se dentro da matriz de identidade (família) e que ao longo da vida se agrupam em *clusters* (cachos), que terão o mesmo tom de desempenho dos papéis originais. As técnicas básicas utilizadas serão o duplo, o espelho e a inversão de papéis. Inúmeras são as ferramentas criadas ou adaptadas pelos psicodramatistas, como: escultura, genodrama, caixa mágica, *sand play*, jogos dramáticos, mapas fantasmáticos, escultura em tecidos, entre outros, incluindo-se qualquer recurso que respeite a leitura diagnóstica da sociometria e da sociodinâmica.

Optamos por aprofundar o trabalho com foco na sociometria, privilegiando a leitura sociométrica, graças à importância dos vínculos nas relações interpessoais, seja no atendimento a famílias ou a casais. Tentarei trazer uma contribuição para facilitar a leitura da dinâmica desses vínculos no grupo, com base na leitura dessas relações. Considerando essa leitura, podemos ter uma visão de como as relações estão se dando na família, a dinâmica familiar e por onde anda o poder e o controle. O objetivo é que, considerando a assimetria dos papéis, embora as regras não sejam as mesmas para todos, ocorra, na medida do possível, a criação de um código universal, onde não haja segredos e o poder circule. Diante de uma boa leitura sociométrica, o terapeuta pode construir com a família um projeto terapêutico que atenda às necessidades desta.

Seguindo ainda a referência de Bustos (1990), o **isolamento** sociométrico precisa ser avaliado por meio dos critérios de escolha. Se o isolamento envolve todos os critérios, encontramos o equivalente psicótico. Envolvendo critérios específicos, restringe a área de conflito e torna mais simples a terapia.

A figura que se segue é a **díade**... A-B, ou seja, o casal, entendido como todo vínculo de reciprocidade, com controle direto. Alguém que escolhe outrem por determinado critério, estabelecendo uma mutualidade, implicando uma relação de exclusividade. Também se avalia a quantidade de critérios comprometidos. Quanto maior o número de critérios de primeira escolha e exclusividade, mais empobrecedor e simbiótico o vínculo. Se a primeira escolha se dá no critério do vínculo amoroso de casal, com baixo número de critérios de exclusividade, e estando imersos numa rede ampla, é o ideal de nossa cultura.

> **MITO:** pertinência a uma díade seguradora frente à carência e à morte – reflete nossa primeira configuração sociométrica. Recupera algo irremediavelmente perdido. A relação simbiótica com a mãe. "E foram felizes para sempre" é a promessa de provisão afetiva permanente, e a eternidade ainda nega a consciência da morte.

> Mas, com ou sem levar em conta o mito, a sociedade se baseia na existência de uma célula vincular mínima, sede de todas as outras estruturas sociais mais complexas (BUSTOS, 1990, p. 79).

Em seguida temos a **cadeia** – ou corrente – **A-B-C-D**, onde B e C estão numa posição de maior segurança (por terem duas escolhas) e A e D dificilmente assumirão posições de controle.

Já no **triângulo**, o controle direto e recíproco ainda é possível. Cada membro pode utilizar um código pré-simbólico aceito pelos outros dois, com os quais conserva vínculo direto. O ciúme e a dependência serão manifestados por aquele que tiver a posição menos forte, de acordo com a intensidade da escolha.

No **círculo**, cada um tem, pelo menos, duas alternativas. Cada um está incluído numa configuração na qual não depende de uma relação direta de mutualidade. Todos se encontram no mesmo campo relacional. Nasce assim o código universal, maior inimigo do controle. Compartilhado por todos, a comunicação não guarda os segredos que protegem triângulos e casais.

Quando falamos em controle na relação, levamos em conta não só a reciprocidade da escolha, mas também a força dessa escolha. Os vínculos incluem reciprocidade, porém nem sempre incluem paridade na força da escolha. Por exemplo, **A** escolhe **B** como primeira escolha, para determinado critério... e indica atração excludente. **B** corresponde positivamente, mas tem outras escolhas mais fortes, e **B** escolhe **A** como uma terceira opção. O vínculo se produzirá com maior intensidade em A do que em B. O código de comunicação será determinado fundamentalmente por B. O controle será exercido em maior grau por B, e maior ansiedade inerente a um vínculo (ciúmes e temor de perda) será sentida por A. Entendendo a sociometria desses vínculos podemos clarear os fenômenos que ocorrem dentro da família e planejar intervenções adequadas à promoção do desenvolvimento dos seus componentes.

Estratégia prática para diagnóstico do vínculo do casal

Como refletimos no início, fatalmente viemos de um grupo onde havia potencialidades e deficiências. Recebemos cuidado, proteção, orientação e ensaiamos nossa socialização, porém nem sempre de forma desejável o suficiente para que nos tornássemos adultos maduros em todos os aspectos. O resultado de nossa experiência familiar nos acompanha na forma como escolhemos nossas parcerias vida afora, especialmente nossa escolha no vínculo conjugal.

Vitor Dias (2000) chamou de função delegada aquilo que depositamos no outro e esperamos que esse outro faça por nós, na vida adulta. Por exemplo, não recebemos o cuidado suficiente dos adultos e não conseguimos internalizar essa função de forma adequada, de modo a exercermos nosso cuidado conosco mesmos. Procuraremos uma parceria que exerça essa função. Alguém que cuide de nós.

Essa pode ser uma escolha com base para a formação de um vínculo que ele denominou de patológico. O mesmo acontece com as outras funções de proteção e orientação. Essa expectativa reforça o mito sobre as díades, falado anteriormente.

Dias (2000) referiu uma forma esquemática de avaliação de severidade da crise no vínculo de um casal. Ele postulou que todo vínculo é como uma lona, sustentada por vários pilares. Há, como numa lona de circo, uma viga mestra e várias vigas secundárias. Se a crise se refere a uma viga secundária, a crise é branda, com excelente prognóstico. Caso a crise se estabeleça na viga mestra, há sérios riscos de rompimento do vínculo.

Para tal avaliação, temos que procurar levantar qual o vínculo estabelecido pelos parceiros. Os vínculos podem ser amorosos, de conveniência ou ainda patológicos. O vínculo amoroso ainda pode ter como viga mestra três aspectos, o sexual, o afetivo e o intelectual. O vínculo de conveniência pode ter as mais variadas motivações, e o vínculo patológico pode ter como função delegada o cuidado, a proteção ou a orientação.

O motivo inicial, o que determina nossa aproximação e escolha do outro para parceiro, será considerado como viga mestra. As outras irão se constituindo com o tempo e o desenrolar da relação. Nem sempre os parceiros têm a mesma viga mestra. Por isso, uma crise em uma determinada área pode ser muito grave para um dos parceiros, e irrelevante para o outro.

Desse modo, escutada a queixa do casal, sempre é bom retomar o início do relacionamento, para pesquisar os critérios de escolha do vínculo, e a força da escolha. Com essa informação, vislumbramos a dinâmica vincular e temos uma ajuda para dimensionar a crise do momento. Isso ajuda sobremaneira a elaboração do projeto terapêutico.

Algumas considerações

Todo trabalho psicodramático segue etapas, a saber: aquecimento, dramatização e compartilhamento. Após uma breve escuta de como "o paciente" nos chega, fazemos uma proposta de trabalho e daí partimos para o aquecimento (inespecífico e específico para a ação proposta). Segue-se então o desenrolar da ação propriamente dita (podendo ser uma dramatização em cena aberta ou interna, um trabalho manual, um jogo etc.), e, por fim, o compartilhar, momento em que as reverberações que o trabalho trouxe para cada envolvido são expressas.

Nosso paciente pode ser um *indivíduo* (psicodrama bipessoal), com o qual trabalharemos a dimensão intrapsíquica; ou ainda pode ser um *grupo* (na escola, na empresa), um casal ou uma família, onde trabalharemos as relações interpessoais. As etapas se seguem na mesma sequência, e a aliança terapêutica deve ser feita com o paciente em questão. Daí, se nosso contrato terapêutico é com um casal ou com uma família, e durante o trabalho é visto que questões intrapsíquicas de determinado membro precisam ser abordadas em psicoterapia, encaminhamos esse membro a outro colega. Preferimos manter a aliança terapêutica com o todo, seja ele a díade ou o grupo. Da mesma forma, se nosso paciente é um sujeito em bipessoal e vemos que a relação com sua/seu parceira/o ou sua família precisa de acompanhamento, encaminhamos o casal ou a família para outro colega.

O trabalho em Psicodrama pode ser dirigido por um profissional (diretor) ou por uma equipe constituída pelo diretor e seus egos-auxiliares, estes últimos podendo ser também psicodramatistas formados ou em formação. Chamamos então esta última configuração de "unidade funcional".

Para estar habilitado a trabalhar com casais e família, o psicodramatista cursa módulos especiais em sua formação e segue com prática supervisionada. Caso o terapeuta de família queira utilizar o Psicodrama em sua prática, recomenda-se que procure cursos específicos de curta duração, onde são abordados conceitos básicos da socionomia e desenvolvimento do papel de diretor e ego-auxiliar.

Referências

BUSTOS, D. M. *Perigo... Amor à vista!* Drama e Psicodrama de casais. São Paulo: Aleph, 1990.

CASTANHO, G. *Psicodrama com casais.* São Paulo: Ágora, 2016.

COSTA, W. G. *Socionomia como expressão de vida.* Fortaleza: Feps do Brasil, 1993.

DIAS, V. R. C. S. *Vínculo conjugal na análise psicodramática.* São Paulo: Summus, 2000.

MARINEAU, R. F. *Jacob Levy Moreno 1889-1974.* Pai do Psicodrama, da Sociometria e da Psicoterapia de Grupo. São Paulo: Ágora, 1992.

MORENO, J. L. *Psicoterapia de grupo e psicodrama.* São Paulo: Mestre Jou, 1974.

MORENO, J. L. *As palavras do Pai.* Campinas: Psy, 1992.

8

BRINCANDO EM FAMÍLIA: UM ENFOQUE SISTÊMICO NA CLÍNICA PSICOMOTORA RELACIONAL

Patrícia Távora

Introdução

O objetivo deste trabalho é refletir sobre a importância da prática da psicomotricidade relacional na clínica, como método que promove o desenvolvimento das relações familiares, influenciando diretamente no equilíbrio da estrutura familiar e resolução de seus sintomas.

> Com sua vida dedicada à pesquisa sobre o corpo em suas diversas dimensões, Andre Lapierre criador da Psicomotricidade Relacional, em muito contribuiu para a evolução deste conceito em suas mais variadas linhas de abordagem. Define um método que propõe colocar o corpo em contato com o corpo do outro para buscar a sintonia que possibilite o diálogo tônico e, sobretudo, a significação da relação ali estabelecida, para intervir facilitando processos de aprendizagem de si e do outro, nas diversas situações em que o sujeito se revela (VIEIRA; BATISTA, 2013, p. 31).

Suas obras ultrapassaram o campo epistemológico puramente teórico para também embasarem um vasto questionamento no campo das práticas clínicas, ressaltando o lugar do corpo como fundamental nas terapias atuais. A disponibilidade corporal do psicomotricista relacional na clínica oferece um espaço de contenção afetiva numa proximidade corpo a corpo, terapeuta e paciente, promovendo uma maior internalização do objeto bom, uma volta à fase pré-edípica, o que pode contribuir para a aquisição de vínculos mais duradouros e consistentes.

Nessa perspectiva, quando o atendimento clínico é requisitado, é necessário compreender que as principais manifestações de dificuldades infantis no contexto social são oriundas da família e são frequentemente reforçadas na escola. A forma como a criança foi educada e as derivações dessa educação ficarão evidentes na maneira de ela se comportar.

Problemas identificados pela escola, como dificuldades de atenção da criança, concentração, aceitação de limites, iniciativa, desejo de aprender por parte da criança, demandarão manejo específico que dependerá da competência dos profissionais em saber estimular, como também da estrutura da instituição de ensino. No entanto, quando a escola não se sente capaz de lidar sozinha com essas questões, ocorre o encaminhamento à terapia. No *setting* terapêutico, o tripé escola, família e clínica se interligam e exerce mútua influência, servindo de base para a recuperação das crianças em dificuldades socioafetivas.

Desenvolvimento

Nas instituições de ensino infantil, problemas como o TDAH, dificuldades de aprendizagem, agressividade, inibições, fobias, entre outros, são manifestados por algumas crianças, e a alternativa da família é procurar a terapia, seja por iniciativa própria, seja pela indicação específica da escola.

Sabe-se que a infância é o tempo de estruturação do aparelho psíquico, pois o inconsciente não existe desde as origens do indivíduo, ele é um produto de relações humanizantes. Para Freud (1905) a origem do inconsciente define-se em relação à sexualidade infantil, que encontra o seu ápice na trama edipiana, mas é inicialmente autoerótica e pré-genital, ligada a um corpo fragmentado e a uma personalidade em formação. O infantil em Freud, portanto, é o próprio inconsciente.

O ingresso no processo terapêutico produz angústia e ansiedade porque os pais desejam saber se a criança é capaz de aprender e prosseguir em seus estudos de forma plena; além disso, os pais se questionam sobre as dificuldades da criança, se estão associadas a forma e condução de educação que promoveram no lar. Com esses questionamentos por parte da família, conscientemente, a demanda clínica está formada.

Essa demanda é gerada por uma tensão entre escola, família e criança, mas essa tensão precisa ser trabalhada – trazer à tona o inconsciente. André Lapierre já pensava sobre isso e, com a ajuda de seus colaboradores no desenvolvimento do seu trabalho com crianças, não só avançou no estudo da profilaxia que a Psicomotricidade Relacional poderia promover na escola, mas também concebeu a ideia de contribuir com a observação das famílias dessas crianças, mostrando a importância do desenvolvimento das relações familiares na clínica. Descreveu Lapierre (2002, p. 162):

> Quando se trata de terapia de uma criança, o problema é diferente. Ela não escolheu seus pais, mas teve e tem ainda que se adaptar aos desejos, às necessidades e às relações neuróticas (conscientes ou inconscientes) deles. Ela está sob a dependência deles, não é a senhora do jogo. A criança existe, desde antes do seu nascimento, nos fantasmas da família. Amada, desejada, rejeitada, portadora de esperança, de ansiedade ou de ciúme, ela é objeto, para cada um, de sentimentos diversos. Cada um lhe designa um lugar, um papel, uma função no seio da comunidade familiar.

Ao recebermos o pedido de intervenção para uma criança, dentro do método Psicomotricidade Relacional clínica, torna-se imprescindível que o terapeuta escute e registre atentamente as demandas trazidas para a terapia, não apenas como demanda individual e única dessa criança, mas dela como parte de um sistema mais amplo, que contempla, além dela, seus pais e sua família como um todo. A partir dessa escuta, o terapeuta poderá trabalhar com esse conjunto, buscando conhecer o grau de imaturidade ou maturidade em que as famílias se encontram, descobrindo, muitas vezes, que as crianças são os elementos mais saudáveis; e os pais, os mais problemáticos.

Segundo Lapierre (2002, p. 162-163):

> A presença da criança tende a perturbar o equilíbrio estabelecido, modificando a relação entre os pais e a relação deles com o ambiente familiar. É necessário, então, reencontrar um outro equilíbrio, no qual a criança será parte atuante. [...] Ela é o sintoma da família. Ela é, muitas vezes, tida como responsável pelas tensões familiares, mas ela apenas sofre e repercute. Nessas condições, sua terapia vai colocar em pauta todo o equilíbrio da constelação familiar, e particularmente dos pais. Estes, embora desejem conscientemente sua cura, a ela vão se opor, conservando a criança constantemente em seu papel.

Dessa forma o conjunto familiar deve passar pela análise de suas funções, observando, discutindo, redefinindo como cada membro está atuando nos papéis que compõem o conjunto de forma legítima ou equivocada, desvelando o inconsciente, o não dito da trama familiar. Um exemplo disso foi detectado em sessões de psicomotricidade relacional na clínica com três famílias, cujas queixas principais por parte dos seus filhos eram comportamentos agressivos e transgressores no ambiente escolar, além de uma grande dificuldade de lidar com frustrações.

Após a terceira sessão realizada com as famílias (mãe, pai, menino e irmãos), que consistiu de momentos de jogo espontâneo com muito prazer nos movimentos, criatividade, atividades de cooperação e trocas afetivas, os pais buscaram um lugar no chão, sobre um tapete, para construírem uma pequena casa simbólica, representando corporalmente o status da família (pai, mãe e filhos).

Observou-se, nas três famílias, de forma bastante semelhante, que o pai tomou o lugar dos filhos, deitando no colo de sua esposa. Com isso, a reação das crianças foi de desamparo, visto que estas desejavam um momento de maior acolhimento afetivo, além de uma angústia e afirmação negativa de seu "falso" lugar de cuidador do pai junto à mãe, ao mesmo tempo, demonstrando a fragilidade da figura paterna da lei e limite.

Isso posto, podemos refletir sobre a inadequação da figura paterna ao sair da sua função de pai e colocando-se simbolicamente no lugar de filho, o que pode refletir diretamente na dificuldade dos filhos em reconhecer figuras de autoridade, expressando-se socialmente com agressividade e maior intolerância às frustrações, motivos das queixas das famílias citadas. A partir dessa observação, abriu-se a oportunidade para analisar com os pais qual seria a forma mais adequada de permanecer junto aos filhos, mostrando e pontuando as consequências daquele tipo de funcionamento.

O psicomotricista relacional se dispõe, por meio do seu corpo e dos objetos intermediários da relação terapêutica, a participar diretamente do brincar simbólico, intervindo nos conteúdos latentes e manifestos, sobre o sistema familiar, bem como decidindo os momentos mais adequados do convite à participação de cada membro nas dinâmicas.

O principal foco é revisitar a convivência familiar: se está bem constituída, se os membros familiares podem se auto-observar, refletir sobre suas posturas, fortalecendo a relação e criando experiências relacionais mais significativas, aumentando o nível de maturidade e envolvimento emocional. No final de cada sessão esses questionamentos são levantados pela psicomotricista em uma conversa a nível verbal.

De acordo com Martins Filho (2012), ao trazer uma crítica a respeito da criança terceirizada, afirma que a família é um sistema humano, no qual convivem pessoas capazes de se reconhecer em sua singularidade, ao mesmo tempo em que exercem ações interativas com objetivos compartilhados. Nesse compartilhamento, a família deve desenvolver uma série de necessidades emocionais básicas, como a sociabilidade, a segurança afetiva, a comunicação, a autonomia, o controle de impulsos agressivos e a redução do egocentrismo, com a consequente inserção de seus membros no princípio de realidade.

Nesse contexto, a Psicomotricidade Relacional clínica com foco na família deve passar por uma sistematização de prioridades, onde o psicomotricista relacional e a família devem construir um planejamento que pleiteie as resoluções dos conflitos e sintomas que afetam diretamente o funcionamento do sistema.

Um dos pontos mais importantes a serem trabalhados com a leitura da problemática familiar é saber qual membro necessita mais rapidamente de atenção. Possivelmente esse membro será o filho, porém se os pais não estiverem realmente conscientes de sua atuação, e sendo membros ativos e atuantes, muito pouco podem fazer no sentido melhoria.

Descreveu Lapierre (2002, p. 163):

> A dificuldade reside em achar pais que tenham se conscientizado o suficiente do seu envolvimento na patologia da criança, para aceitar o fato de serem questionados. Outra dificuldade reside em que, na nossa sociedade atual, na qual muitas famílias são desunidas e recompostas, o companheiro da mãe não é o pai da criança, ou a companheira do pai não é a mãe. A ausência do pai ou da mãe biológicas não impede que sua imagem interfira nas relações familiares.

A família que adoece precisa de assistência e amparo. Reside aqui nosso trabalho e as intervenções devem priorizar a identificação de como estão os papéis ocupados na família e sua funcionalidade, objetivando novas estratégias para a reorganização e o entendimento, provocando mudanças na dinâmica familiar.

Famílias têm seu modelo de conduta baseado nas suas concepções de vida, experiências, cultura e valores arraigados. Por exemplo, algumas podem ser afetivas, íntegras, transparentes e confiantes; outras podem ser rigorosas, negligentes, manipuladoras e hostis. O que percebemos na clínica é que famílias mais capazes de analisar, que adotam atitudes reparadoras, regidas por valores morais e menos egocêntricas, equilibram-se mais rapidamente, geram amadurecimento e ganhos de amor e entendimento.

Contudo outras estão muitos distantes dessa perspectiva. Saber conduzir uma família e interagir de forma saudável também requer a revisão da percepção de si e do outro. A construção familiar estrutura-se e ganha força quando as funções de pai e mãe são combinadas e entendidas de forma clara e transparente desde o início da entrada das crianças. Os pais precisam de cumplicidade e foco para saber cuidar e atender às necessidades dos filhos, ajudando-se efetivamente durante todas as fases de crescimento destes. Assim, poderão proporcionar estímulos adequados e terão a oportunidade de presenciar o crescimento saudável de quem tanto amam.

Temos observado em nossa prática clínica que as dificuldades encontradas pelos membros das famílias passam pelo entendimento das relações familiares, não só da conduta dos pais, mas também de quanto cada pessoa envolvida sabe afetivamente sentir e lidar com seu repertório de relacionamento. Muitas vezes, percebemos, ao longo do processo terapêutico familiar, que alguns membros da família, além da criança que chega com sua queixa, necessitam buscar um processo individual, pois suas questões pessoais estão interferindo diretamente na evolução da criança.

Lapierre (2002, p. 173) pontuou:

> Essas relações vividas podem oferecer uma saída aos inevitáveis conflitos que a criança vive no ambiente parental e modificar, assim, suas estratégias relacionais. Tal saída é dificilmente achada com os próprios pais, pois que também eles são prisioneiros das estratégias inconscientes e repetitivas de sua própria infância. Assim se transmitem as neuroses familiares. Nos estabelecimentos que tomam a seu encargo crianças perturbadas, as reuniões de síntese chegam, muitas vezes, à conclusão de que deveria se fazer uma psicoterapia da mãe ou dos pais.

A experiência de discorrer sobre este trabalho nos trouxe o questionamento de uma proposta possível de sistematização com famílias em psicomotricidade relacional clínica como método que promove o desenvolvimento das relações familiares, influenciando diretamente no equilíbrio da estrutura familiar, contribuindo para resolução e alívio de seus sintomas.

Referências

FILHO, J.M. *A criança terceirizada*: os descaminhos das relações familiares no mundo contemporâneo. São Paulo: Papirus, 2012.

FREUD, S. [1905]. Três ensaios sobre a teoria da sexualidade. *In*: *Obras psicológicas completas*: Edição Standard Brasileira.Vol. VII. Rio de Janeiro: Imago, 1996.

LAPIERRE, André. *Da Psicomotricidade Relacional à Análise Corporal da Relação*. Curitiba: UFPR/CIAR, 2002.

VIEIRA, J. L. Rumo ao conhecimento de mãos dadas. *In*: BATISTA, M. I. B.; VIEIRA, J. L. (org.). *Textos e Contextos em Psicomotricidade Relacional*. Volume 1. Fortaleza: RDS Ed., 2013.

9

O GENOGRAMA NA PRÁTICA CLÍNICA

Frankleide Paiva Diniz

Natália Reis de Melo

Nascer é como ser catapultado em um livro já preenchido com personagens e histórias, é como estabelecer um contato com uma realidade cujas regras já estão parcialmente escritas. Nossa presença criará algumas mudanças no enredo e no final, mas nunca seremos capazes de nos separar das páginas que precedem nossa entrada na cena e, inevitavelmente, seremos influenciados por essas páginas das quais somos filhos.
(ANDOLFI, 2018, p. 41)

Introdução

O Genograma é um recurso terapêutico pouco conhecido e utilizado por profissionais da saúde e, em especial, por psicólogos e terapeutas de família. Ele nem sempre é apresentado nos cursos de graduação e pós-graduação, de modo que acaba não sendo amplamente utilizado na prática clínica.

Esse instrumento contribui para uma visão panorâmica da história pessoal e familiar dos indivíduos, porque se propõe a representar, graficamente, pelo menos três gerações de uma família (MCGOLDRICK; GERSON; PETRY, 2012). Olhar o presente, visitar o passado e fazer *links* entre essas instâncias temporais e psíquicas favorecem a ressignificação dos registros vividos, ditos e não ditos, possibilitando alicerçar um futuro com autonomia, relações saudáveis consigo, com a família e com o meio social.

Pretendemos, neste trabalho, discorrer sobre a importância do Genograma na prática clínica de psicólogos. Para tanto, foi realizada uma pesquisa bibliográfica em artigos científicos e livros renomados nas áreas da Terapia Familiar e da Psicologia, e será inserido também o relato de dois psicólogos clínicos que utilizam o Genograma em suas práticas, e de dois clientes que tiveram contato com o instrumento em processos de psicoterapia individual. Para preservar a identidade dos entrevistados, serão utilizados os nomes fictícios "Flor de Lótus" e "Gérbera" para os clientes e "Lírio do Campo" e "Orquídea Azul" para os terapeutas.

Contribuições da terapia familiar

Com as formulações sobre a dinâmica relacional inerente aos sistemas familiares, que abarca as histórias e comportamentos vividos e passados de gerações a gerações, os teóricos da terapia familiar muito contribuíram para o estudo dos Genogramas. Dentre eles, destacam-se Salvador Minuchin, com a Teoria Estrutural, e Murray Bowen, com a Teoria Familiar Sistêmica.

O psiquiatra Murray Bowen é o mais famoso dos representantes da *Terapia familiar sistêmica, multigeracional* ou *transgeracional*. Ele se dedicou ao estudo das famílias ao longo de, pelo menos, três gerações porque acreditava que seria no relacionamento com a família ampliada que as relações atuais tomariam sentido. Esse autor indicou alguns aspectos relevantes a serem observados dentro das famílias, como a diferenciação do *self*, os triângulos emocionais, o processo emocional da família nuclear, o processo de projeção familiar, o processo de transmissão multigeracional, a posição de nascimento dos irmãos, o rompimento ou corte emocional e o processo emocional na sociedade (NICHOLS; SCHWARTZ, 2007).

Nesse universo de conceituações, Bowen sugeriu a utilização do Genograma[1] como instrumento propício à aquisição de informações mais precisas sobre as gerações envolvidas numa família. A partir desse instrumento, é possível captar detalhes muitas vezes não mencionados numa entrevista verbal, como a relevância de membros tidos enquanto "insignificantes"; a qualidade das relações (se próximas, emaranhadas, conflituosas, rompidas); a repetição de doenças, características, rituais. Isso possibilita a tirada do foco do sintoma de um único indivíduo para a teia familiar e seus desdobramentos, o que garante maior abrangência e implicação do restante dos familiares no problema (NICHOLS; SCHWARTZ, 2007).

"A maioria de nós é mais dependente e reativo em relação aos outros do que gostamos de pensar" (NICHOLS; SCHWARTZ, 2007, p. 130). Por isso, devemos reconhecer a influência da história familiar na construção da personalidade e nos comportamentos humanos; caso contrário, maior a probabilidade de existirem questões mal resolvidas, pouco percebidas ou pouco conscientes, as quais, certamente, (re)aparecerão em outros relacionamentos, gerando um ciclo cumulativo de conflitos, a repetições.

A outra corrente que influenciou os estudos do Genograma – a *Terapia Familiar Estrutural* – tem como fundador o terapeuta argentino Salvador Minuchin, que desenvolveu sua teoria com base na percepção de *estruturas* dentro do sistema familiar, formadas pelos papéis, valores, tradições, linguagem, humor e crenças dos membros, as quais são responsáveis pelo seu equilíbrio ou desequilíbrio (NICHOLS; SCHWARTZ, 2007).

A família, sob esta perspectiva, cria suas fronteiras de forma flexível ou rígida, de modo a promover a manutenção de seu *status quo*. As fronteiras têm a função de trazer segurança e sensação de pertença aos membros, mas, quando os seus limites são demasiadamente rígidos, fica difícil o contato e troca dos membros entre si

---

[1] São "diagramas esquemáticos que listam os membros da família e seus relacionamentos" (NICHOLS; SCHWARTZ, 2007, p. 141), por meio de símbolos e linhas que descrevem as características, acontecimentos e tipos de relação.

e com o meio social, propiciando o aparecimento de sintomas ou padrões disfuncionais de interação (NICHOLS; SCHWARTZ, 2007).

Nesse sentido, é necessário estar atento ao *modo* como se organiza a hierarquia e a posição de cada membro na família, buscando-se compreender de que forma tal estrutura se formou. A estrutura familiar – definida pelo conjunto "invisível" de exigências funcionais que organiza a maneira como os membros da família interagem – é responsável pelo sentimento de identidade, pertença e amor, e, ao mesmo tempo, pela permissão de autonomia e individualização de seus membros. Todo o trabalho da escola estrutural baseia-se na crença de que, ao mudar a relação entre o indivíduo e o contexto familiar, também se está modificando a experiência subjetiva que a pessoa tem de seu meio, fenômeno esse que incitará transformações em todo o seio familiar envolvido (NICHOLS; SCHWARTZ, 2007).

Apesar dessas conceituações, vale ressaltar que não existe uma família "normal", "sem problemas" ou "perfeita". Toda família passa por ciclos e, portanto, está sujeita a fatores estressores e crises. O que a faz estar saudável é a capacidade de lidar com os desafios de cada fase, com flexibilidade e abertura.

Histórico e objetivos

No início do século XX, os profissionais da Medicina começaram a "desenhar famílias", no intuito de investigar o histórico de doenças preexistentes, herdadas por seus descendentes. Eles então verificaram que algumas doenças também existiam em gerações anteriores, sugerindo que havia repetições do histórico de saúde nas famílias (MCGOLDRICK; GERSON; PETRY, 2012).

Anos mais tarde, com o desenvolvimento da Terapia Familiar e os estudos de Murray Bowen, Jack Froom, Jack Medalie, o Genograma foi formalmente oficializado na década de 1980, por Monica McGoldrick, Randy Gerson e Sueli Petry, com a publicação do livro *Genogramas: avaliação e intervenção familiar*. Com essa obra, o instrumento tornou-se padronizado e foi estabelecida uma simbologia universal para todos que viessem a utilizá-lo (Figura 1).

Figura 1 – Principais símbolos

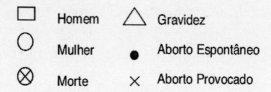

Fonte: Krüger e Werlang, 2008.

O Genograma tem por objetivo mapear a estrutura familiar e os ciclos de vida da família, rastrear histórias e relacionamentos e detectar padrões familiares. Construir um genograma nos permite constatar, com clareza, o fenômeno da transmissão geracional teorizado por Bowen:

> As famílias repetem a si mesmas. [...] Os padrões de relação nas gerações anteriores fornecem modelos implícitos para o funcionamento familiar na geração seguinte. No Genograma, podemos explorar os padrões de funcionamento, as relações e a estrutura que continuam ou se alteram de uma geração para a seguinte (MCGOLDRICK; GERSON; PETRY, 2012, p. 32).

Pode-se perceber, com essa colocação, que o instrumento tem um amplo alcance, pois abrange os estressores naturais e os estressores externos ao ciclo vital – aqueles pelos quais toda família está suscetível a passar. Isso demonstra o seu valor terapêutico e confirma a necessidade de estudá-lo e divulgá-lo. O Genograma tem uma característica especial, que é o dinamismo. Ele é construído em determinado momento cronológico e pode ter informações acrescentadas ou corrigidas no decorrer dos encontros, de modo que acompanha a evolução da família. Essa qualidade permite uma constante atualização, maior riqueza de detalhes e fidedignidade dos dados obtidos.

Ao mesmo tempo, a objetividade também é marca forte desse instrumento, quando permite uma rápida visualização da estrutura familiar (Figura 2). Em estudos, supervisões e pesquisas, é um prático recurso visual, "que levanta os impasses técnicos e pessoais e propicia a avaliação de crenças e mitos pertinentes ao tema" em questão (LADVOCAT, 2014, p. 128).

Figura 2 – Exemplo de Genograma

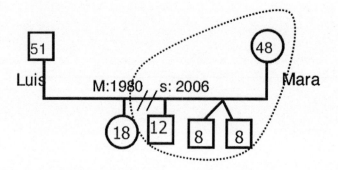

Fonte: Krüger e Werlang, 2008.

Mas a riqueza do Genograma vai além de sua representação gráfica. Ele sugere hipóteses diagnósticas e possibilita interpretações, que devem ser discutidas com o cliente, num clima de investigação e curiosidade. Mais do que isso, a possibilidade de visualização de sua "árvore genealógica" permite ampliar a percepção sobre sua história, abrindo espaço para uma compreensão mais coletiva e responsável. Para McGoldrick, Gerson e Petry (2012, p. 27), "um dos aspectos mais atraentes dos genogramas é a forma como eles conduzem as famílias para além das perspectivas lineares unidimensionais que com tanta frequência caracterizam as explicações psicológicas". Em outras palavras, ele possibilita que o cliente – indivíduo, família ou casal – saia de um lugar de acomodação e vitimização e torne-se autor de sua própria história.

A prática

O instrumento pode começar a ser utilizado já na primeira entrevista, para estimular o cliente ou a família a trazer seus conteúdos, ou posteriormente, ao longo das consultas ou do processo terapêutico (MCGOLDRICK; GERSON; PETRY, 2012). As perguntas feitas à hora da construção vão dos dados demográficos às perguntas sobre os relacionamentos; dos questionamentos simples (nomes, idades, profissões) aos mais subjetivos ("Há conflitos marcantes na história?", "Quem costuma tomar decisões?", "Quem se omite?"), e todos são capazes de suscitar reflexões, por exemplo, a percepção de repetição de nomes e papéis, a semelhança na escolha profissional entre pessoas de gênero masculino, a predileção dos genitores pelos primogênitos.

Direcionar perguntas para a construção gráfica da família traz à tona informações sobre características, valores, mitos, segredos e, consequentemente, favorece a constatação de omissões, privilégios ou imposições não antes percebidas apenas pela via da entrevista verbal. Sobre essa afirmação, a cliente "Flor de Lótus"[2] constatou:

> *No meu processo terapêutico, me vi representando em uma cadeia de repetição de atitudes e comportamentos dos meus antepassados, como também os meus descendentes familiares repetindo o mesmo ciclo. Porém, por meio do estudo e reflexão de um Genograma com todos os familiares envolvidos, me detive a refletir e procurar quebrar esse ciclo. Percebi também que seus comportamentos, passados ou presentes, de certa forma influenciam a minha vida. Fica fácil entender o porquê de alguns movimentos. O gráfico nos tira do mundo abstrato e nos insere num mundo concreto.*

---

[2] Entrevista coletada em 9 de maio de 2018.

Quanto mais perguntas são feitas, mais perspectivas são contempladas e mais canais de informação e reflexão são abertos. Como resultado, acontece uma interação dialógica entre terapeuta e cliente, que culmina na ampliação de significados acerca da própria história e na abertura de novas possibilidades de atuação dentro do campo familiar:

> O Genograma, neste espaço conversacional, é capaz de transcender suas origens funcionalistas, a fim de transformar-se num recurso para a compreensão colaborativa de novas possibilidades de ser, de se relacionar e de viver no mundo. (KRÜGER; WERLANG, 2008, p. 416).

Os "fatores contextuais" são imprescindíveis à compreensão do Genograma. Sem eles, os dados ficam soltos, sem sentido. Eles são as informações sobre gostos, estilos, principais práticas e influências socioculturais, que trarão um entendimento acerca dos valores e motivações das famílias. Perguntas sobre amizades, relações de trabalho, espiritualidade, membros não biológicos significativos, prática de atividades físicas ou outras conexões com a cultura e a comunidade são bastante relevantes.

A depender do público-alvo – se crianças, adolescentes, adultos, casais, famílias –, ele pode ser construído com materiais diversos: desenho à mão livre, computador, recortes, objetos, fotografias ou qualquer outro material que favoreça o acesso aos conteúdos do "mundo interno" do cliente. Além disso, também pode ser confeccionado de acordo com temas, caso haja necessidade de enfocar assuntos específicos, por exemplo, o Genograma familiar, profissional, socioeconômico, sexual, financeiro, de doenças, entre outros.

Esse instrumento tem valor terapêutico tanto para o terapeuta quanto para o cliente. Para o terapeuta, por captar mais informações e percepções sobre o seu cliente; para o próprio cliente, porque ele é convidado a fazer novas conexões acerca da sua "já conhecida" trama familiar. Para McGoldrick, Gerson e Petry (2012, p. 59), "utilizamo-lo em nossa prática clínica para desvendar as diferenças e as concordâncias nas relações familiares e usar as diferentes percepções da família, a fim de enriquecer o quadro do genograma para terapeuta e família". Ou, como afirma a psicóloga "Lírio do Campo[3]":

> *O Genograma, pra mim, é uma ótima ferramenta de trabalho, [...] me dando uma visão mais clara sobre a problemática da família, casal ou indivíduo. [...] Ele ajuda o cliente a ter ideias mais claras sobre seus conflitos e a origem da problemática, facilitando na solução.*

É tão profundo o alcance do Genograma que este, inclusive, pode revelar dificuldades relacionais encobertas por conflitos, doenças e estigmas, por meio dos traços que representam a qualidade das relações (Figura 3). Sabe-se que, em alguns casos, "o quadro patológico funciona como 'distração' para os pais, de seus próprios conflitos encobertos" (LEONIDAS; SANTOS, 2015, p. 1.444).

Figura 3 – Traços que representam a qualidade das relações

= Relação íntima	⋀ Relação pobre e conflitiva
≡ Relação muito íntima	⋈ Relação íntima e conflitiva
▪▪▪▪ Distanciamento	─∣∣─ Relação rompida

Fonte: Krüger e Werlang, 2008.

Esses traços fornecem clareza para a compreensão das características relacionais da dinâmica familiar total, como confirmou a psicóloga Orquídea Azul[4]:

> *Entender nosso padrão de interação e como ele foi se estruturando desde nossos ancestrais, até os relacionamentos atuais, é o que nos possibilita o uso do Genograma. [...] Nesse momento, passado, presente e futuro se entrelaçam através das tradições, crenças, pactos, rupturas, segredos, nascimentos, mortes e demais fenômenos, para serem aprofundados e trabalhados com o sistema familiar. [...] A partir dessa compreensão, pode-*

---

[3] Entrevista coletada em 7 de maio de 2018.
[4] Entrevista coletada em 15 de maio de 2018.

mos ter mais clareza do nosso papel e responsabilidade nos nossos relacionamentos, e que amor e construção de vínculos precisam também de cuidado e esforço, num desenvolvimento pessoal e sistêmico.

Fica claro, assim, que estamos diante de uma ferramenta que oferece grande contribuição ao universo da Terapia Familiar, no tocante à possibilidade de ressignificação das experiências familiares ouvidas ou vividas. Olhar a "fotografia" de sua rede familiar também pode facilitar o processo de perdão e percepção das fontes de resiliência e saúde da família, potencial terapêutico que Gérbera confirmou:

> Posso afirmar que o Genograma, ao me inserir no tempo e no espaço familiar, permitiu que eu finalmente enxergasse a minha figura dentro da família. Permitiu que eu visualizasse em que contexto eu nasci e cresci. Fez-me entender que eu sou também produto daquele meio em que nasci e, da mesma forma, a minha presença influenciou a vida dos meus familiares. [...] Fica mais fácil também de perdoar quem eventualmente nos magoou, ao perceber em que contexto social e temporal ele/ela estava inserido e como ele/ela também pode ter reproduzido o comportamento de seu antecessor.

Por meio da visualização de si mesmo dentro da rede familiar, o sujeito aproxima-se da autorresponsabilização, um dos principais objetivos de qualquer processo psicoterapêutico, que favorece o autoconhecimento e a diminuição de conflitos relacionais. A possibilidade de acessar e recontar a própria história via Genograma, num ambiente dialógico e acolhedor, por si só, já tem efeito terapêutico, de modo tal que a exatidão dos dados torna-se menos importante:

> A utilização do Genograma, no espaço conversacional, apresenta-se, desta forma, como um recurso estético, facilitador do processo de contar histórias que possam incluir o não-dito. Com este fim, as informações passam a ser secundárias, não devendo ter uma preocupação com a precisão dos dados, nem tampouco com a exploração inesgotável de cada narração (KRUGER; WERLAN, 2008, p. 425).

Ao terapeuta, muito mais vai importar a facilitação do acesso aos conteúdos e o interesse dos envolvidos na condução do processo de reconstrução de significados sobre o passado familiar do que a confrontação de dados e versões.

O profissional

Vivenciar o Genograma pode desencadear conteúdos positivos e/ou negativos, e, assim como em toda relação terapêutica, esses conteúdos devem ser tratados com cuidado, respeito e acolhimento. Entrar em contato com a própria história, de maneira explícita e profunda, pode ser muito prazeroso e instigante, mas também pode desencadear angústia, estresse e até recusa. Sobre esse assunto, Gérbera[5] desabafou:

> *Responder a essa questão não é fácil, pois me faz reviver a minha posição dentro de minha "árvore genealógica", o que traz bons e maus sentimentos. [...] Relembrar cada integrante, sua posição, suas características, seus dramas, causa um grande desconforto. [...] Parece que estamos revivendo as dores daquelas pessoas. [...] Se por um lado é bom, por permitir esse aclaramento dos fatos, por outro pode causar certo incômodo de perceber que cometi os mesmos erros de mãe ou tios, apesar de estar vivendo em tempo e condições diferentes de um ou outro personagem familiar.*

É por isso que o terapeuta precisa ter habilidade e sensibilidade para entrar no mundo do cliente e dar contorno às emoções ali emergidas. Aquele precisa ter uma sólida bagagem teórica que lhe permita compreender e conduzir os inúmeros *insights*, conscientizações e sentimentos decorrentes desse processo de autoconhecimento.

Apesar de ser um desenho, aspecto que favorece uma atmosfera lúdica, jamais se pode esquecer que, com o Genograma, abrimos o "baú familiar" – um universo com conteúdos e vivências complexas

---

[5] Entrevista coletada em 3 de maio de 2018.

de alegrias, tristezas, segredos, violências –, cuja abertura tem sempre o objetivo de possibilitar o crescimento do cliente.

Destacamos também a importância do trabalho de diferenciação do *self* do terapeuta, no trabalho com indivíduos e famílias. Segundo Ladvocat (2014), o arsenal teórico-técnico aprendido é filtrado pela personalidade do profissional. Por esse motivo, quem se compromete a utilizar o Genograma deve unir o embasamento teórico sobre o instrumento a um trabalho pessoal de psicoterapia e à vivência de seu próprio Genograma, no intuito de evitar projeções e identificações com as histórias trazidas pelos clientes. Em outras palavras, já que "o crescimento e amadurecimento profissional tem íntima relação com sua posição frente ao material clinico e frente à sua própria visão de mundo" (LADVOCAT, 2014, p. 24), o terapeuta deve cruzar seu mapa familiar com o mapa familiar do cliente.

Trabalhar o próprio Genograma facilita, ao terapeuta, o manejo de sentimentos mobilizados no atendimento aos clientes, que vivenciam situações humanas como ele próprio. O profissional que investe em seu crescimento pessoal e profissional aprende a diferenciar o seu *self* do *self* de seu cliente, e torna-se capaz de lidar, de forma consciente e competente, com suas questões individuais e familiares, assim como com as múltiplas demandas que lhe chegam no contexto terapêutico.

Considerações finais

A análise da rede familiar é base para a compreensão de adoecimentos mentais e físicos. A dinâmica familiar está na gênese de diversos sintomas e transtornos mentais, porém não devemos considerá-la causa, destilando culpabilizações; mas tê-la como uma ferramenta de compreensão sobre o *como* se dão as relações entre seus componentes e como utilizá-la e transformá-la a serviço do próprio sistema familiar (LEONIDAS; SANTOS, 2015).

Além disso, é necessário um olhar dinâmico para o Genograma, pois, sem a perspectiva sistêmica, interacional, não são captadas as múltiplas variáveis presentes nas relações humanas e familiares. Se usado apenas como um recorte, tem-se um mero conjunto de dados estático, que não traz proposições nem novidades à atuação clínica.

Em suma, o Genograma funciona como um recurso de intervenção em si, que incita uma responsabilidade compartilhada sobre os rumos da vida em família, por meio do envolvimento de todos com o que acontece com cada um, no passado, no presente e no futuro (KRÜGER; WERLANG, 2008). Isso não apenas une os membros enquanto unidade familiar, mas os coloca como responsáveis pela prevenção de repetições indesejadas, no futuro.

> *Conheça todas as teorias, domine todas as técnicas, mas, ao tocar uma alma humana, seja apenas outra alma humana.*
>
> (Carl G. Jung)

Referências

ANDOLFI, M. *A terapia familiar multigeracional*: instrumentos e recursos do terapeuta. Belo Horizonte: Artesã, 2018.

KRÜGER, L. L.; WERLANG, B. S. G. O Genograma como recurso no espaço conversacional terapêutico. *Avaliação Psicológica*, v. 7, n. 3, p. 415-426, 2008.

LADVOCAT, C. O Mapa do Terapeuta e a Diferenciação do Self como recursos para a formação em terapia familiar. *Revista Brasileira de Terapia Familiar*, v. 5, n. 1, p. 122-133, 2014.

LEONIDAS, C.; SANTOS, M. A. Relações familiares nos transtornos alimentares: o Genograma como instrumento de investigação. *Revista Ciência e Saúde Coletiva*, v. 20, n. 5, p. 1.435-1.447, 2015.

MCGOLDRICK, M.; GERSON, Randy; PETRY, Sueli. *Genogramas*: avaliação e intervenção familiar. 3. ed. Porto Alegre: Artmed, 2012.

NICHOLS, M. P.; SCHWARTZ, R. C. *Terapia Familiar*: conceitos e métodos. 7. ed. Porto Alegre: Artmed, 2007.

SOBRE OS AUTORES

ADINEIDE NOLASCO ANDRADE DIAS é psicóloga, psicodramatista, terapeuta certificada, facilitadora e supervisora de EMDR, terapeuta de *brainspotting*, terapeuta de casais e famílias, organizadora das turmas de formação em EMDR em Recife, João Pessoa, Itabuna-BA e Aracaju. E-mail: adinolasco@g.com.br

ALESSANDRO ROCHA é psicólogo clínico e organizacional, psicoterapeuta cognitivo comportamental, terapeuta EMDR, mestre em Educação para Ensino em Saúde, consultor em mediação da aprendizagem e sóciodiretor da Supere Psicologia. E-mail: alessandro@superepsicologia.com.br / Site: www.superepsicologia.com.br

CLAUDINE ALCOFORADO QUIRINO é mestre em psicologia clínica pela Unicap, especialista em terapia de casal e família pela UFPE e graduada em Psicologia pela FAFIRE. Professora e supervisora de estágio no UNIFAVIP desde 2007 e atualmente coordenadora do curso de Psicologia no UNIFBV desde 2014. E-mail: claudine.alcoforado@gmail.com

EDNA MALHEIROS é psicopedagoga, terapeuta individual, casal, família e comunidade; terapeuta sexual; psicanalista didata, mediadora de conflitos familiares, professora de cursos de Terapia Familiar em Recife. Vice-presidente da APETEF e secretária do Conselho Deliberativo e Científico da ABRATEF (2016-2018 e 2018-2020). E-mail: emalhei@hotlink.com.br

FRANKLEIDE PAIVA DINIZ é psicóloga clínica. Especialista em Terapia Familiar (UFPE). Terapeuta comunitária. Conselheira da APETEF entre 2016-2018 e tesoureira entre 2018-2020; membro da ABRATEF. Coordenadora da Clínica Social do Centro de Estudos, Consultoria e Atendimento Familiar em Recife (CECAF). E-mail: dinizfran09@yahoo.com.br

LUANA VIRGÍNIA SILVA é psicóloga na área de Gestat-terapia no município de Ipojuca-PE. E-mail: lucanavpsi@hotmail.com

LÚCIA FREIRE é fundadora e diretora do Centro de Estudos, Consultoria e Atendimento Familiar – (CECAF) em Recife, psicóloga, terapeuta de famílias e casais, mestra em Aconselhamento Pastoral com especialização, nos EUA, em Terapia Conjugal e Familiar, terapeuta comunitária, professora convidada de cursos pós-graduação e de especialização em Terapia Familiar, presidente da Associação Pernambucana de Terapia Familiar – APETEF – (gestões 2016-2018 e 2018-2020), associada titular e membro do Conselho Deliberativo e Científico – CDC – da Associação Brasileira de Terapia Familiar – ABRATEF. Coautora dos livros *Psicologia: campo de atuação, teoria e prática*, *A trajetória da terapia familiar no Brasil* e *Psicologia Positiva e Psiquiatria Positiva: a Ciência da Felicidade na Prática Clínica* (no prelo). Coorganizadora do livro *Famílias* e organizadora dos livros *Terapia e Espiritualidade: Reflexões e Prática*. E-mail: familiacecaf@gmail.com

NATÁLIA REIS DE MELO é psicóloga clínica na abordagem da Gestalt-terapia. Especialista em Terapia Familiar (UFPE), Especialista em Neuropsicologia Clínica (IDE-PE/UniRedentor-RJ). Membro da APETEF e da ABRATEF na gestão 2018-2020. Aperfeiçoamento em Psicologia Hospitalar (HGE-PE)./ E-mail: nrmelo@gmail.com

PATRÍCIA FREIRE CAMPOS é psicóloga, com especialização em Socionomia pela UECE, formação em Psicodrama pela Feps do Brasil, psicodramatista didata supervisora Febrap, pelo Instituto Cosmos de Psicodrama. Coautora dos livros *Intervenções grupais na educação* (Ágora, 2006), *Psicodinâmica dos transtornos de personalidade: um olhar psicodramático* (Livrorápido, 2016) e *O corpo como protagonista* (Livrorápido 2018). Coordena a formação em Psicodrama Nível 1, do Dramatriz, Instituto de Psicodrama. E-mail: pat3campos@gmail.com

PATRÍCIA TÁVORA é mestre em Psicomotricidade Relacional pela Universidade de Évora, diretora da ARGOS, especialista em Psicologia da Família, formadora/didata da pós-graduação em Psicomotricidade Relacional (ÍCONE/CIAR). Psicanalista pela ABEPE e educadora física. E-mail: patríciatavora@yahoo.com.br

VIRGÍNIA BUARQUE CORDEIRO é médica. Terapeuta de família e casal. Tem mestrado em Saúde da Criança e do Adolescente pela UFPE. Especialização em Terapia do Trauma – terapeuta em EMDR e *brainspotting*. Coordenadora da Clínica de Terapia Familiar do Hospital das Clínicas da UFPE. E-mail: virginiagbuarque@gmail.com